25924

CHANSONS

LETTRES FAMILIÈRES, SATIRES

ET POÉSIES DIVERSES.

—

PREMIÈRE PARTIE.

—

CHANSONS

LETTRES FAMILIÈRES, SATIRES

ET POÉSIES DIVERSES

DE

L'ERMITE DE LA HERSE

RECUEILLIES ET PUBLIÉES

PAR

LAGOGUEY-SAINT-JOSEPH
MÉDECIN-OCULISTE.

CHEZ L'AUTEUR A BONDY, PRÈS PARIS
Et chez tous les Libraires de France.

1867.

ARCIS-SUR-AUBE. — IMPRIMERIE FRÉMONT, LIBRAIRE.

CHANSONS

LETTRES FAMILIÈRES, SATIRES

ET POÉSIES DIVERSES.

UN TRAVAILLEUR A SON FILS.

Conserve dans ton souvenir
Ce testament de ton vieux père,
L'argent qu'on dépense au plaisir,
Mieux vaut l'offrir à la misère,
Il donne un intérêt certain,
C'est pour le cœur une richesse;
Aux malheureux pense sans cesse,
Tu travailleras mieux demain.

Si par le froid et demi-nu
Un pauvre enfant est sans asile,
Quand il te serait inconnu,
Suis la règle de l'Évangile,
Avec lui partage ton pain,
Qu'à ton foyer il se réchauffe;
Couvre son corps de quelqu'étoffe,
Tu travailleras mieux demain.

Celui qui possède un trésor
Et dont l'existence fleurie
S'écoule en prodiguant de l'or
Pour tous les actes de sa vie,
Doit sur le réduit de la faim
Pencher la corne d'abondance,
Il peut être assuré d'avance
Qu'il sera plus heureux demain.

Faire du bien, mon cher enfant,
Ce n'est jamais un sacrifice,
Consoler un être souffrant,
C'est un devoir, une justice.
Par ce noble emploi de ton gain,
Qui porte en soi sa récompense,
Si tu soulages l'indigence,
Tu travailleras mieux demain.

LE RETOUR DE LA FRÉGATE.

La vigie a crié : Navire !
L'airain éveille les échos,
Nobles accents faites vibrer ma lyre,
Il va revenir, le héros !

    Le glas funéraire
    Et les chants joyeux
    Ébranlent la terre
    Et montent aux cieux.
    Les groupes bondissent,
    Les éclairs jaillissent,
    Les canons vomissent
    Le feu des combats ;
    Un peuple en délire
    Célèbre l'Empire,
    L'ombre vient sourire
    A ses vieux soldats !

La vigie a crié : Navire !
L'airain éveille les échos,
Nobles accents faites vibrer ma lyre,
Il va revenir, le héros !

    Porteurs de couronnes
    Vous qu'il a domptés,
    Puisque sur des trônes
    Vous êtes restés,

Souffrez que l'histoire
Raconte sa gloire ;
Dans notre mémoire
Vivra l'homme fort ;
Sans crainte à nos fêtes,
Découvrez vos têtes,
Le dieu des conquêtes,
Voyez : — Il est mort !...

La vigie a crié : Navire !
L'airain éveille les échos ;
Nobles accents, faites vibrer ma lyre,
Il va revenir, le héros !

Il est mort, vous dis-je,
Ne tremblez donc pas,
(Hélas, quel prodige
Sauve du trépas !)
Glaces de Russie,
Champs de l'Ibérie,
Plaines d'Italie,
Ses nobles travaux,
D'espace en espace,
Impriment sa trace
Et couvrent sa place
Avec vos drapeaux !

La vigie a crié : Navire !
L'airain éveille les échos,
Nobles accents, faites vibrer ma lyre,
Il va revenir le héros !

S'il vivait encore,
L'arabe insolent
Dans la cité maure
Servirait tremblant.
De l'aigle puissante,
La serre sanglante,
Portait l'épouvante
Et brisait l'écueil.
Dépouille chérie,
Sur notre patrie,
Veille ton génie,
Du fond du cercueil !

La vigie a crié : Navire !
L'airain éveille les échos,
Nobles accents, faites vibrer ma lyre,
Il va revenir, le héros !

LA BALLE DE GARIBALDI.

RACONTÉE PAR TITI! EH, C'TE BALLE!

Chœur de Savants.

Air : *De la mère Camus.*

Vive ! Vive Garibaldi !
La réclame
Qui l'acclame,
Nous fait mousser tout comme lui,
Du dimanche au samedi.

TITI.

Tous les organes de la presse
S'exerçant sur la grosse caisse,
Enfoncent Mangin, dit-on,
En faveur du grand Tonton.

CHOEUR.

Vive ! Vive Garibaldi !
La réclame
Qui l'acclame,
Nous fait mousser, tout comme lui,
Du dimanche au samedi.

(*Parlé*). TITI raconte.

Garibaldi, bon troupier tout de même, marchait sur Rome, grande vitesse ! il trottait, il trottait... si bien que cela commençait à donner la cholérine à M. Tonelly... Mais, minute!... pour empêcher la marche non moins impertinente que désordonnée de ce grand toqué de Garibaldi, le général piémontais lui fait loger une once de plomb dans le pied, on l'emprisonne pour la frime, on juge qu'on ne le jugera pas, et pour le panser on a recours au pansement des plus grands penseurs de l'Europe,

Donc,

Air : *Aussitôt que la lumière.*

Les princes de la science
Ont tous été convoqués :
Heidelberg, Londres, la France,
Tour à tour sont consultés.
Pour trouver le projectile,
Ne se trouvant pas d'accord,
Il leur parut plus utile
D'attendre qu'il soit dehors.

Air : *De la meunière.*

L'un disait, moi, je suis d'avis,
  Pour trouver la chose,
De couper cette jambe, et puis, un autre propose
  De le pendre... la tête en bas,
  Mais la balle ne sortant pas,
    Le blessé repose
    Dans de vilains draps.

Parlé.

Quand je dis dans de vilains draps, c'est une manière de vous faire comprendre qu'il n'est pas à son aise et qu'il est fichu... d'autant plus qu'il se persuade que M. Tonelly et les dragons pontificaux boivent rarement à sa santé, et qu'il ne doit pas compter sur leurs prières pour miraculiser sa guérison, et obtenir que la balle inconnue pique une tête au dehors de sa cachette.

Air : *du pas redoublé.*

En attendant, le général,
Dans son impatience,
Devient bourru, devient brutal,
Cambronne la science
Qui n'a pas d'autre résultat,
En traitant sa blessure,
Que de fixer sur un grabat
La douleur qu'il endure !

Parlé.

Enfin, après un sommeil fort agité, il s'éveille et s'écrie, sans doute sous l'inspiration d'un rêve :

Air : *Allons chasseurs.*

Les grands talents et les fétiches
A Paris se font un renom
Ton, ton, ton, ton, tontaine, tonton,
Munito parmi les caniches
Et parmi les docteurs, Tonton
Ton, ton, tontaine, ton ton.
Par la télégraphie
Le docteur, demandé,
S'est levé.

Il part pour l'Italie,
Trouve Garibaldi
Sur un lit
Toto
Carabo
Titi
Carabi,
Bonjour, Garibaldi...
Docteur Ton ton,
Vous êtes bien bon.

Il bat la campagne.

Ah! fichtre! ah! sacristi!!...

AIR : *Connu.*

J'ai un pied qui remue
J'ai l'autre qui ne va guère
J'ai un pied qui r'mue,
J'ai l'autre qui ne va plus,

Ah! dites moi, grand docteur Tonton,
Ah! dites moi, grand docteur Tonton
C'qui m'a z'enflé la cheville et l'talon,
C'qui m'a z'enflé la cheville et l'talon,
Est-ce une balle? Est-ce un biscaïen?
Un obus? *un coulant d'serviette?*
C'est p'tèt bien *un éclat d'assiette,*
Ou de c'hemin de fer américain!...

J'ai un pied qui r'mue
J'ai l'autre qui ne va guères
J'ai un pied qui r'mue
Et l'autre qui ne va plus!

J'vas sonder ça, dit l'docteur Tonton,
J'vas sonder ça, dit le docteur Tonton,
Si j'm'aperçois qu'au-d'sus d'vot'talon
Si j'm'aperçois qu'au-d'sus d'vot'talon
Le projectile n'a fait qu'un trou,
Avec raison je présuppose
Que le métal qui le compose
Est quelque part... je ne sais où !

GARIBALDI.

J'ai un pied qui r'mue
Et l'autre qui ne va guères
J'ai un pied qui r'mue
Et l'autre......

TONTON.

Chut, général !... Allongez la jambe, bien, ne bougez plus... Je vais, je vais faire une savante exploration, une opération qui fera la gloire de ma patrie !!.....

Profond silence, moment d'anxiété.

Air : *Aussitôt que la lumière.*

Le nez sur le trou de balle,
Le docteur dit, en sondant,
Je sens... près de l'astragale,
Un corps dur et résistant...
Ce n'est pas que je propose
D'extraire, si c'est un os,
Mais, ça peut être autre chose,
Ça n'est... ni petit... ni gros !

GARIBALDI.

J'ai un pied qui r'mue....

TONTON à part.

Il est toqué! (haut). Calmez-vous, général... Rassurez-vous.....

AIR : *Au clair de la lune.*

Je vais chez Charrière
Si tôt, en rentrant,
Le prier de faire
Certain instrument,
Dont le bout d'fayence,
Frottant sur le mal,
Dira si c'que j'pense
Est os ou métal.

Parlé.

L'ingénieux instrument est fabriqué et salué de diverses réclames où les noms du général, du docteur et du fabricant, s'entrelacent et forment une belle guirlande. Puis, dans une savante leçon, toujours reproduite par les journaux scientifiques et politiques, le docteur dit sérieusement à ses élèves :

Le *facies* de Garibaldi est doux et énergique ;
Je crois qu'il a presque toutes ses dents ;
Sa barbe et ses cheveux sont remarquables ;
L'axe de ses yeux est à peu près parallèle !

Vous le savez, messieurs, j'ai abandonné ma clientèle pour aller sonder cette illustre blessure ;

J'ai rencontré un corps étranger, qui m'a paru étrange.

J'ai déclaré que ce devait être un os, si ce n'était une balle. Ou que peut être c'était une balle, si ce n'était pas un os (murmure d'approbation). J'ai, Messieurs (bravo), à peu près (bravo), mais, et ceci est remarquable.... (tonnerre d'applaudissements qui couvrent la voix de l'orateur), il se mouche, salue et se retire visiblement ému.

Air : *Bon voyage M. Dumolet.*

> Après un avis si certain
>   On extirpe cette balle maudite
>   Qu'on pouvait extraire de suite.
> Général, que n'étais-tu fantassin,
>   Il n'est pas un esculape à l'armée
>   Qui n'eut pu faire l'opération,
>   Et tu ne dois qu'à ta renommée,
>   Et le retard et l'hésitation,

Parlé.

C'est un médecin du pays qui s'est décidé à retirer la balle qui mettait le nez à la fenêtre.

En apprenant le succès de cette opération, dont le public lui attribue tout l'honneur, le Tonton s'est écrié, comme la vestale :

Je m'en avais douté !

Air : *du Juif errant.*

Mais un bien grand miracle
Résulta de ce fait,
En franchissant l'obstacle
Qui retenait l'objet,
Cet objet fit un bruit
Qui bien loin retentit.

Air : *Va-t-en voir s'ils viennent.*

Tous les journaux imprimés
Dans la capitale,
Et les titis assemblés
Ont crié : C'te balle !!!
C'te balle est pour le Tonton
Une fameuse réclame;
Caisse, cor et mirliton,
Ça, qu'on le proclame!...

Parlé.

Et ils ne se sont pas fait prier... Ah! c'est que la cure si belle, si savante !

Quatre mois et le concours des princes de la science de trois grands états, pour arriver à une opération usuelle et qui ne demandait que le premier quart-d'heure, après la blessure. Un autre serait mort, peut-être ; eh bien! le général vit encore.

La supériorité consiste, parfois, à se créer des difficultés pour les vaincre.

O Wriez, fameux docteur Noir!...
Tu n'es que de la saint Jean.

Air : *De la bonne aventure.*

    Quel événement heureux
    Que cette aventure.
    Presse! en style élogieux
    Chante cette cure.
    Vite des insertions,
    Que la troupe des dindons
    Doit rembourser aux Tontons,
    Après la lecture.

Nota. — Cette facétie n'a pas pour but et ne saurait avoir pour résultat d'amoindrir la popularité et le beau caractère de Garibaldi.

Mais elle a été inspirée à l'auteur, par le bruit des réclames intempestives, dont son nom et sa blessure ont été le prétexte.

L'auteur ne prétend pas davantage, nier le talent des professeurs qui ont été consultés. Sans aucun doute ces princes de la science ont un mérite à la hauteur de leur réputation ; mais, dans ce cas, qui a mis en défaut leur jugement et leur expérience · les éloges exagérés, publiés, sans doute, à leur insu et contre leur volonté, peuvent justement se comparer au *Pavé de l'Ours.*

Et Titi n'est que juste dans sa critique, quand il articule son exclamation populaire : *C'te Balle !!!*

LA LUMIÈRE.

Lorsque déjà mon cœur s'éveillait en aimant,
J'aurais bien préféré (je n'étais qu'un enfant)
A tout l'or du Potose, aux perles de Golconde,
Un regard, un baiser de la gentille blonde
Qui faisait le bonheur de ce cœur ingénu.

Que les temps sont changés! car d'un livre inconnu
J'ai traduit chaque feuille, et funeste science,
Chaque feuille échangeant contre l'expérience
La douce illusion d'où venait mon bonheur,
L'absorbe sans retour; maintenant plus d'erreur,
Mon esprit éclairé perce un trompeur nuage
Et jamais son aspect ne produit de mirage.
Il n'y a plus pour moi de magiques reflets,
L'art, qui de la couleur combine les effets,
Ne me cache jamais son cadre ni sa toile.
La superbe beauté pour moi n'a pas de voile,
Cachemires, velours, dentelles, diamants,
Ne la couvrent jamais; — Malgré ces ornements,
Soit au salon, au bal, au bois ou dans la rue,
Je vois Ève, et, serpent, je la vois toute nue.

J'aperçois, malgré moi, des taches sur sa peau,
Je soulève son crâne et je lis son cerveau;

Je suis, dans tout son corps, le cours de chaque veine,
J'analyse un poumon, je juge son haleine...
Rien n'est secret pour moi, la triste humanité
M'apparait au grand jour, et dans sa nudité!...
Je comprends le dégoût, la mort du suicide.

Un héros n'est pour moi qu'un illustre homicide,
Je ris des oripeaux dont il est chamarré!...
Oui, je ris de Faustin, comme de Pomaré!...
Aux lobes du cerveau tous les deux obéissent,
Sous leur impulsion, sans comprendre, ils agissent,
Et leur orgueil parait défier le destin!...
Parce que la matière, en leur noble intestin,
Sous des vêtements d'or et fermente et circule...
Mais, sous ces vêtements, la tunique d'Hercule
Tourmente le blason comme le roturier,
Couchons-nous sur de l'or ou bien sur le fumier?
Nous n'échapperons pas aux lois de la matière,
Hommes, nous râlons tous à notre heure dernière.

On subit cette règle en tout temps, en tous lieux,
C'est le chemin tracé pour remonter vers Dieu
Que vainement ici nous cherchons à comprendre,

Si son fils, jusqu'à nous, a bien voulu descendre
Pour enseigner le juste et la suprême loi;
D'épines couronné, s'il est mort pour la foi,
Il n'a fait qu'indiquer les grandes destinées
Dont l'âme doit jouir quand, après des années,
L'âme, avançant toujours et toujours s'élevant,

Verra, du haut des cieux, un ciel encore plus grand,
En dehors du compas de notre intelligence,
Quelque soit des mortels la parfaite science,
Le cercle à mesurer, défiant son essor,
Au cercle le plus grand ajoute un cercle encor,
Puis toujours un de plus, en sorte que l'espace
Echappe à nos calculs, quelque chiffre qu'on trace...

Et l'homme a prétendu préciser ce qu'est Dieu :
Ce qu'est Dieu?.. Dieu, c'est tout, c'est la terre, le feu,
L'air que nous respirons ; Dieu, c'est l'âme éternelle
Dont tout être vivant absorbe une parcelle.

Voyez ces feux brillants, ces astres suspendus,
C'est le temple de Dieu, le séjour des élus !
Dieu, c'est vous; Dieu, c'est moi, c'est toute la nature,
C'est tout un infini qui n'a pas de figure
Et que l'homme orgueilleux abaissa jusqu'à lui.

Cet homme, il est si faible, a tant besoin d'appui,
Qu'il lui faut, en tous lieux, se créer des fétiches,
Encenser mille saints enchâssés dans des niches,
Payer, argent comptant, les divines faveurs,
Le rachat des péchés, le pardon des erreurs;
Pour désarmer le ciel, il offre en sacrifice
L'homme mis au bûcher, au nom de la justice.

Hélas! dans sa bonté, Dieu ne se doute pas,
Du mal qui, pour son nom, se pratique ici bas.
Il traça dans nos cœurs les articles d'un code
Que la corruption interprête à sa mode,

Car selon le besoin, on glisse sur la loi
Ou bien on l'exécute, ô mon Dieu, c'est à toi
Que j'adresse ces chants, c'est ainsi que je prie,
On ne te connaît pas et l'on te calomnie
Quand de foudres vengeurs on ose armer ton bras.
Moi, j'attends sans frayeur l'heure de mon trépas.

LA PRIÈRE DE MADELEINE.

Le doute me saisit, écrivain orgueilleux,
En voulant expliquer les mystères des cieux,
Peut-être je commets un acte sacrilège,
Car mon titre, qu'est-il, quel est mon privilège?
Est-ce par la folie, est-ce par la raison
Que je puis en donner une explication?
D'un Dieu juste et clément, partout je vois la trace;
Rappelons nos esprits égarés dans l'espace.

Un tout petit enfant dormait dans un berceau
Et tandis qu'il dormait, Madeleine sa mère,
Adressait, à genoux, sa fervente prière
A celui qui commande et sur terre et sur l'eau.
Elle disait : Mon Dieu !... protecteur de l'enfance,
Je puis sans murmurer supporter l'indigence,
Mais mon sein se tarit, et peut-être demain,
Ce malheureux enfant va le presser en vain.

L'orage gronde au loin, et, fuyant la tempête,
Chaque barque est au port. — Parti devant le jour,
Ton père, pauvre enfant, seul n'est pas de retour,
Je t'en prie, ô mon Dieu, détourne de sa tête
Tous les périls qu'il court pour nourrir son enfant
Tu protèges le faible et soutiens l'innocent
Exauce, juste Dieu, mes vœux et ma prière.
Ah! prends-nous en pitié, que ta divine Mère

Intercède pour nous, sur son Trône divin !
Pierre brave les flots, veille sur son destin !
Courbé sous le travail, et sans jamais maudire,
Il se trouve payé quand je peux lui sourire
Et lorsque notre enfant lui tend ses petits bras ;
Mais il est tard, Hélas, Pierre ne revient pas !...
J'entends les vents mugir et leur concerts funèbres
Couvrent le bruit des flots. De profondes ténèbres
Aux marins retardés défendent le retour.
Dieu puissant ! rends un père à notre saint amour
Je n'espère qu'en toi, l'ouragan m'épouvante.

Mais le calme renaît, et le pêcheur qui chante
Ramène l'abondance et le calme au logis.

— Femme le jour fut rude, et c'est le paradis
Que je trouve en rentrant, ma bonne Madeleine.
Ah, je suis bien heureux ! Mais ce n'est pas sans peine
Car, à dire le vrai, le grain m'a battu fort,
Et je ne sais comment j'ai pu gagner le port.

— C'est que pour te sauver, vois-tu mon pauvre Pier-
Au bon Dieu, Madeleine adressait sa prière ; [re,
Et que sous l'humble toit qui couvre le pêcheur
Il a fait pénétrer son appui protecteur.

Elle avait tant prié, la pauvre Madeleine,
Que le vent abattu retenait son haleine.
L'orage avait cessé, Pierre était de retour,
Ramenant avec lui l'abondance et l'amour.

Priez, vous qui souffrez, car pour notre faiblesse,
Dieu, le maître de tous, n'a que de la tendresse.
Croyons à son pouvoir, admirons ses travaux.
Pas de juges au ciel, au ciel pas de bourreaux,
Celui qui ne le sert qu'en craignant sa justice,
Semble pour son devoir faire un grand sacrifice.

Sans le craindre, je l'aime et l'admire ici bas,
Mais celui que je crains et que je n'aime pas ;
C'est l'homme qui tenant l'inégale balance
Admet dans un plateau l'intrigue ou la vengeance.

AU PRINCE PRÉSIDENT.

Première lettre.

Prince, je ne suis pas de ceux que l'on imprime,
Et pourtant jusqu'à toi je fais monter ma rime;
Assez d'autres sans moi saluant ton pouvoir,
Prodiguent la louange, et, de leur encensoir,
Frappent le transparent qui masquait ton étoile,
L'oiseau de Jupiter a déchiré ce voile.
Les partis, consternés de stupeur et d'effroi,
N'existent que de nom, tous subissent ta loi.
Tel est le résultat du coup du deux décembre,
Et tel fut contre toi qui, de ton antichambre,
Se trouvera tout prêt à prendre le chemin,
Si tu veux consentir à lui tendre la main.

Prince, je ne sais pas si tu voudras me lire,
Mais je suis tourmenté du besoin de te dire :
Que je sais un moyen de gagner tous les cœurs,
D'un rayon de soleil partout sèche les pleurs.
Frappe tous les partis d'une large amnistie,
Ce nouveau coup-d'état leur ôtera la vie;
Je m'offre pour ôtage et t'offre mes enfants,
Ma voix est faible, tremble, et mes cheveux sont blancs.
Mais de deux grands amours mon âme fut remplie :
L'un fut Napoléon, l'autre fut Amélie;
Grand comme le premier, comme tous deux sois bon,
Président ou monarque, on bénira ton nom,
Et tu pourras marcher sans que nul Diogène
Ose te déclarer que ton ombre le gêne.

AU PRINCE PRÉSIDENT.

Deuxième lettre.

« Et tu pourras marcher sans que nul Diogène
Ose te déclarer que ton ombre le gène. »

Ainsi je te disais une première fois
Mais, Prince, je ne sais si mon vers champenois
A franchi le cordon qui garde ton approche,
Peut-être on aura dit : Cette mouche du coche
Qui s'en vient bourdonnant, qui prêche sans mandat
Voudrait-elle, après tout, que le chef de l'état,
S'inspirant d'un conseil pour régler sa clémence,
Rappelât tous les fous qui troublèrent la France,
Quand le calme en tous lieux, à peine est rétabli,
Au néant le conseil, le poète à l'oubli !

Le poète à l'oubli ! soit, sans être étonnée,
Ma muse reconnaît son humble destinée,
Elle n'eût pas besoin de banquets, de festins
Pour soutenir le pas de ses alexandrins,
Quand un jour, à Philippe, elle se prit à dire,
Ce qu'ici, pour toi seul, je veux encore écrire.

La France, nous dit-on, secondant le hasard
Philippe t'a fait roi, c'est une belle part ?
Dans ce fait accompli, la fortune nous donne
A nous la liberté, puis à toi, la couronne,
Chacun de nous a donc et son lot et ses droits,
Mes enfants seront peuples et les tiens seront rois.

Qui de nous doit le plus applaudir au partage ?
A ton front le bandeau pèse déjà, je gage,
C'est, Philippe, vois-tu, qu'on l'a mal ajusté ;
Soulève-le, regarde, et vois la liberté ;
Elle dort au berceau, mais dort pleine de vie,
Espoir de nos neveux, espoir de la patrie !...

Sans quelques courtisans et de douteux amis,
Le poste serait beau, que le sort t'a remis,
Comptons ta part de roi...
     Un trône pour étrenne

Ce butin, dédaigné dans la grande semaine,
Le parc et le château, le garde, le valet,
Ce que n'a pas frappé la bombe de juillet,
Ce que n'a pas brisé le boulet populaire,
Ce que n'a pas noyé le sang du prolétaire,
Nous t'avons tout remis pour une vérité
Pour ta foi citoyenne et pour la liberté...

Eh bien ! Philippe, on veut que la foi s'accomplisse
Et que la liberté se réveille et grandisse ;
On veut que, s'échappant de ses langes étroits,
L'idole populaire ait le respect des rois.

Toi donc, sois leur exemple, et, bravant la menace,
Juste, fort et clément, pour tous signe une grâce !
L'injure ne peut rien à qui sèche des pleurs,
Fais ouvrir les cachots, au séjour des douleurs
Porte un regard de paix, le Prince qui pardonne
Enrichit d'un fleuron la plus riche couronne.
Pardonne, et l'on te doit des bravos mérités.

Ce que je dis, vois-tu, ce sont des vérités;
Essaye, et tu verras qu'il serait bon d'y croire,
Ce chapitre de bien, placé dans ton histoire,
Sera plus applaudi que les fades sermons
Des orateurs, trop chers pour le travail qu'ils font.

Que font-ils, en effet? L'un détruit, puis propose
Un plan qui l'enrichit et reconstruit la chose.
Que font-ils en effet? Ils s'exercent au tour
Qui fait tomber l'un d'eux, et dans le même jour
Nous donne un remplaçant, marchant tout comme l'au-
Ils changent les couleurs du bassin où se vautre [tre,
Un valet travesti qui tient à son emploi,
Qui se grime, se farde, et nous broche la loi
Selon qu'il croit te plaire. Envain l'orage gronde,
Navigateur prudent, c'est envain que ta sonde
Guide le gouvernail et signale un rescif,
L'intrigant aux aguets compte sur un esquif.
Si tu sombres, demain il dépave les rues
Et chez ton successeur tombe comme des nues.
Il devient courtisan des heureux de demain,
Il placera sa femme ou son petit cousin,
Un gendre, des amis, et sa lignée entière,
Place pour ses mignons, place à sa bayadère,
Au juge complaisant, au député ventru,
A l'avocat brouillon, à l'écrivain vendu!

Tout intrigue et se meut, tout se courbe et s'agite,
Au salon comme au lit, on plaide, on sollicite,
Et, selon leurs plaisirs, le lit ou les salons
Enfantent des emplois, des titres, des cordons.

Que ma lettre déplaise, et, sous la cheminée,
Sans arriver à toi, s'évapore en fumée,
Tant pis, tant pis cent fois, non pour de mauvais vers,
Sans règle, mal bâtis et rimés de travers,
Mais pour des malheureux à qui tu ferais grâce.

Philippe, ils l'obtiendraient si j'étais à ta place,
Le Ham ou Saint-Michel, oui chaque pavillon,
Du bonnet phrygien jusqu'au noble écusson,
Aurait part au bienfait! Le prince qui pardonne,
Je le redis encor, enrichit sa couronne;
Il fait taire la haine, il se conduit en roi;
Il est digne d'être *Homme* et *Peuple* comme moi.

Prince, la foi s'étend par la voix des apôtres,
Je commets cet écrit et j'en commettrai d'autres
Qui prendront leur essor pour arriver à toi;
S'ils tombent au néant, je me console, moi,
Comme aux champs phrygiens se résignait Cassandre
Quand le courroux d'un Dieu défendait de l'entendre.

Prince, tu languissais captif dans un donjon
Quand sur tous les partis, j'appelais le pardon.
Ah! si nos exilés rentrent dans leur patrie,
A servir le pays, si ta voix les convie
Ils crieront comme nous et crieront de bon cœur
Vive Napoléon !... et.....
      Vive l'Empereur !.....

AU PRINCE PRÉSIDENT.

Troisième lettre.

Prince, je le sais bien, ce n'est pas toi qui lis
Les avis, non payés, que parfois je t'écris.
Mon Apollon boiteux, sans fleurs, sans fard, sans
Arrive tout au plus, jusqu'à ton antichambre, [ambre,
Et mon vers dépoli, de l'oubli du panier
Ne sort que pour la flamme, ou bien pour l'épicier...

Au pardon que je veux et que te conseille,
On me répond : Voyez le complot de Marseille,
Ces machines d'enfer que d'affreux assassins
Apprêtaient froidement pour borner tes destins.
Puis, partant de ce fait, on dit que la clémence
Serait une folie, une insigne imprudence,
Et le *Napoléon*, journal de mon pays,
Prétend qu'on doit river les fers de nos proscrits,
Que tous ces malheureux, de revoir notre France
Doivent à tout jamais perdre toute espérance !

Ah ! ce n'est pas ainsi qu'on éteint les complots,
Et bien plus de grandeur convient plus au héros !
Que l'implacable arrêt qui glace d'épouvante,
Se relègue au fronton des portiques du Dante.
Mais Toi, mon Empereur, mais toi Napoléon,
Grand comme tes destins et grand comme ton nom,
Le jour où sur ton front va monter la couronne,

Ce jour-là, tu diras à tous : Je vous pardonne !
Après cet acte grand et noble et généreux,
Prince ! je ne crois pas qu'il soit un malheureux
Assez pétri de haine et d'aveugle folie,
Pour conspirer dans l'ombre et menacer ta vie
D'un sinistre complot, d'un horrible attentat,
Maupas pourra dormir en protégeant l'état.

Je crois bon cet avis, et j'en suis responsable,
Mais, Prince, je l'écris peut-être sur le sable,
Si, comme je le crois, ce n'est pas toi qui lis
Les avis hasardés que parfois je técris.

L'ARCHEVÊQUE DE PARIS.

Dans les demeures éternelles
    Des bienheureux,
Chantez et déployez vos ailes
    Anges des cieux !

Jour de deuil, de gloire et de larmes,
Vers la palme qu'il va cueillir,
Les cris, la mort, le bruit des armes
Ont guidé les pas du martyr.
Le fer, dans cette lutte impie
Creuse son glorieux tombeau ;
Le bon pasteur donne sa vie
Pour les brebis de son troupeau.

Dans les demeures éternelles
    Des bienheureux,
Chantez et déployez vos ailes,
    Anges des cieux !

Près de la sanglante victime,
Un jeune soldat, un enfant,
Disait, nous vengerons ce crime.
Non, mon fils, répond le mourant,
Car, au nom du Dieu qui pardonne,
Je place ma croix sur ton cœur,
Conserve-la, je te la donne
Elle te portera bonheur.

Dans les demeures éternelles
  Des bienheureux,
Chantez et déployez vos ailes,
  Anges des cieux.

Sa mort a mis fin au carnage ;
Frères, écoutez à genoux,
Écoutez le noble langage
Du prélat qui mourut pour nous
Fais descendre, souverain maître,
Ta sagesse sur les humains,
Et que mon sang, enfin, puisse être
Le dernier que versent leurs mains.

Dans vos demeures éternelles
  Des bienheureux,
Chantez et déployez vos ailes,
  Anges des cieux.

J'AI PERDU MA ROSE.

C'est-à-dire qu'elle a disparu de ma chambre d'hôtel, à Valenciennes, où je séjournais avec mon confrère Tadini.

Air : *du Petit P....*

Ami, tu n'me croiras pas,
Ça t'paraitra chose,
J'peux plus cacher mes appas
J'ai perdu ma rose. } BIS.

Si tu crois que je vas gémir
J'suis trop philosophe
Pour m'plaindre de c'que l'zéphir
Soulève mon étoffe.

Plus l'bouffi soufle mon sein,
Plus j'sens comme une braise
Qui me brûle, cré coquin,
Comme une fournaise. } BIS.

J'n'attacherai plus mon jabot
S'l'on la vieille coutume,
Car des sauvages bientôt,
J'vas porter l'costume. } BIS.

J'n'éprouve aucun embarras,
En l'absence d'rose,
De laisser voir mes appas,   } BIS.
Et toute autre chose.

Maman m'disait mon garçon
Tu n'as pas d'bretelle
Pour soutenir ton pantalon, } BIS.
Tiens v'la z'une ficelle.

Sans c'te précaution, vois-tu,
Je n's'rais pas surprise
Qu'un jour tu perdes le d'sus } BIS.
De ta marchandise.

Elle avait raison, maman,
J'suis par trop frivole,
Je n'possédais qu'un diamant } BIS.
Le v'là qui s'envole.

Bast, je peux bien encor briller
Mon œil n'est pas terne ;
Il reluit mieux qu'un soulier } BIS.
Dans une lanterne.

Aussi, tendrons, gare d'sous !
Qu'vot'cœur se cuirasse,
Ou sinon j'crains qu'vos époux } BIS.
N'élèvent d'ma race

Il y aurait d' quoi s' réjouir
C'est ça qui serait chique,

J'm'immol'rais pour fair' plaisir ⎫
A la république. ⎭ BIS.

En voyant d'si beaux enfants
Courir dans la rue,
On m'voterait z'un monument, ⎫
Ou z'une esstatue. ⎭ BIS.

Sur la maison où j'suis né,
A Troyes, ma patrie,
On mettrait : *hîc*, un toqué ⎫
A reçu la vie... ⎭ BIS.

Et le champenois public
Allant au cim'tierre,
Rirait bien de voir mon autre *hîc* ⎫
Jacet sur une pierre. ⎭ BIS.

Pas n'est besoin d'vous presser,
Permettez qu'je r'tarde
Et que j'vous fasse un pied d'nez, ⎫
Madame la camarde. ⎭ BIS.

Accipe quod tibi do
Sans faire la grimace,
Ou j't'empêcherai de faire dodo.
Ton ami,

COCASSE.

A MM. N....., MES TAILLEURS.

Vous, dont le goût et la dextérité
Habillent le faquin en homme d'importance,
Qui, diable! se serait douté
Que vous auriez un jour le prix de l'élégance,
Depuis un certain temps que je n'ai pu vous voir,
De retour à Paris, je cherchais votre adresse,
Quelle fut donc mon allégresse
En la trouvant dans *le Miroir*.

Ce feuilleton piquant sait vous rendre justice,
Il ne lance ses traits que contre les bigots;
Vous avez un talent, frères, qui rend service
Au mérite tout comme aux sots.
Vous nous donnez le ton. Vainement la censure,
Voudrait réformer vos édits,
Car vous n'avez jamais retourné vos habits;
Il est bien des gens, je vous jure,
Qui ne peuvent en dire autant.

En vérité, je suis content
De vous voir voguer vent arrière.
Ne quittez pas la carrière
Ouverte à vos heureux travaux
Et toujours en plein drap promenez vos ciseaux.

Langues m'ont affirmé, disant en être sûres,
Que l'on fait des manteaux avecque des rognures ;
Mais vous n'imitez pas ces grands escamoteurs,
Et ces manteaux chez vous n'auraient aucune ampleur,
Car fussiez-vous chargés d'habiller une troupe
Que votre probité respecterait la coupe.

LES MOULINS DE FANFAN TOUPET.

1848.

Air : *De la Meunière.*

I.

J'peux-ti pas dire en ma chanson,
    Sans blesser personne,
Que l'monde est un grand Charenton
    Ous qu'on déraisonne.
Quand je vois des représentants
Qui s'taquinent comm' des enfants
    J'vote pour qu'on leur donne
    Des moulins à vent.   BIS.

II.

Fanfan Toupet f'seur d'embarras
    Braille qu'Louis conspire,
Et s'entend avec Nicolas
    Pour rel'ver l'Empire,
Que d'viendra son gouvernement
Qu'il gouvernait si joliment?
    On va donc détruire
    Ses moulins à vent.   BIS.

III.

J' m'aperçois, dit-il, qu'ça va mal
    Je m'démoralise,
J'ai beau rugir comme un chacal
    Plus j'avocatise,
Plus, de moi, l'on à l'air vraiment,
De se moquer tout en disant
    Que je dévalise   } BIS.
    Les moulins à vent.

IV.

Il n'y aura, je vous en préviens,
    De bonne république,
Que celle sortant de mes mains;
    V'là mon spécifique :
J'veux qu'sans soldats et sans argent,
On détruise tout gouvernement,
    A moins qu'il fabrique   } BIS.
    Des moulins à vent.

V.

Après avoir tout bouleversé,
    Si l'on bat la charge,
Je m'lave les mains de c'qu'est cassé,
    Je gagne le large
Comme Cabet, considérant
Que c'est le parti l'plus prudent,
    J' file... à moins qu'on n'charge   } BIS.
    Des moulins à vent.

VI.

Un gaillard comme Fanfan Toupet
    Vaut bien qu'on le chante,
Il n'y a pas jusqu'au baudet
    Dont la voix puissante
N'obéisse à son commandement
Et ne célèbre son talent.
        Quand il se présente
        Aux moulins à vent. } BIS.

VII.

Pour nous prendre sous sa protection
    Car il aime à prendre,
Du haut de l'Olympe, dit-on,
    Ce Dieu va descendre.
Nous allons rir' pour notre argent,
L'aristo, l'réac et l'manant
        N'ont plus qu'à se pendre
        Aux moulins à vent. } BIS.

VIII.

J'crois qu'à la barrière, ce Dieu
    F'rait de la bonne cuisine
Si ce n'était qu'il craint le feu
    Et la cholérine.
On dit qu'il s'est battu pourtant
Avec des pistolets d'enfant
        Chargés de farine
        Des moulins à vent. } BIS.

IX.

Il faut le voir dans un banquet
  Comme il s'fait d'la bile;
On dirait que chez Paul Niquet
  Il a reçu z'une pile.
Il me rappelle en déclamant,
Marty, Bobèche et Bénévent,
  Ça coule, comme l'huile ⎫
  Des moulins à vent ⎬ BIS.

X.

En allant d' festins en moulins
  Réciter son rôle,
Il a dit à des assassins
  Feu, sur ma carriole !
Pour que je puisse en pleurnichant,
Accuser le gouvernement....
  Connu — c'est une colle ⎫
  Des moulins à vent. ⎬ BIS.

XI.

Pour qu'on avance en n'marchant pas
  A tout il s'oppose ;
Si j'veux fair'maigre, il veut fair' gras,
  J'travaille, il se r'pose ;
C'est lui qui prêche à tout feignant
Qu'c'est bête d'vivre en travaillant,
  Et qui prouve la chose ⎫
  Aux moulins à vent. ⎬ BIS.

XII.

Sur le front de Fanfan Toupet
    Trône la querelle,
La république l'a refait ;
    Et son escarcelle
Peut défier les mauvais temps,
C'est à la gloire maintenant
      Qu'il vole sur l'aile   } BIS.
      Des moulins à vent.

XIII.

Avec un tel automédon
    Pauvre république,
Je répète que Charenton
    Fermera boutique ;
Je m'aperçois qu'en écrivant
Ce satirique boniment,
      J'ai l'air d'une pratique   } BIS.
      Des moulins à vent.

XIV.

Parlé.

Pour remédier à cet état déplorable, pour remettre à flot le vaisseau du progrès et de la civilisation, voilà ce qu'ont proposé trois ou quatre grands journalistes.

MÊME AIR.

Peuple, d'oracles menaçants,
 De complots sinistres
Nous te délivrons pour longtemps
Fais nous tous ministres !
Ni plus ni moins.

Le peuple en chœur.

    Le plus souvent
Que vous m'tirerez cette dent,
  Allez braire, cuistres,   } BIS.
  Aux moulins à vent

J'AI LA GOUTTE.

Amant goutteux est un pesant fardeau
    Pour fille jeune et dégourdie,
    C'est la fin de la comédie,
    Et dans un rôle tout nouveau
    Nous allons passer notre vie.

    Ah ! de la chaîne qui nous lie,
    S'il ne reste plus qu'un anneau
    Il est le plus fort, le plus beau.

Puisse-t-il résister aux limes de l'envie,
    A celle de la jalousie,
A la séduction qui, sous plus d'un manteau,
    Voudra rompre notre harmonie,
    Car tu seras toujours jolie,
    Et moi si je n'étais pas beau,
Du moins... voilà pourquoi, pauvre petite amie,
Amant goutteux est un pesant fardeau.

LA DÉCORATION D'UN MAUVAIS CURÉ ESPAGNOL.

Air : *du Tra la la.*

Je ne suis pas surpris qu'on vous ait décoré,
Je vous en félicite, ô monsieur le curé,
Pour célébrer ce fait, ah ! que n'ai-je la voix
De Béranger chantant les marquis d'autrefois,
  Sur l'air du tra la la la   BIS.
Sur l'air du tra déri, déri, de ra la la la.

Lorsque vous présidez aux mystères sacrés
Vous êtes redoutable et vos yeux enflammés
Lancent par ci, par là, des éclairs de fureur,
Un zèle si parfait vous fait beaucoup d'honneur,
  Sur l'air, etc.

Selon le pénitent, dans votre tribunal,
Le mal se change en bien, le bien se change en mal ;
Vous tancez le manant, sans merci, ni pardon,
Absolvez le marquis, en faveur du blason,
  Sur l'air, etc.

Aussi donnant, donnant, pour vous récompenser
Le marquis influent ne peut se dispenser

De conter vos vertus, de sorte, qu'un matin,
Sur votre robe tombe un ruban de satin.
    Sur l'air, etc.

Pour votre intégrité, c'est bien peu d'une croix,
Béranger, au marquis, en avait promis trois ;
Votre poitrine est large, on pourrait les placer
Mais une me parait déjà lourde à porter,
    Sur l'air, etc.

Avec orgueil, curé, montrez-la tout le jour,
Mais lorsque vient la nuit, qu'elle cède le tour,
Au bonnet de coton qui sert à vous coiffer,
Le signe de l'honneur pourrait vous étouffer.
        Sur l'air du tra la la la   BIS.
Sur l'air du tra déri déri de ra la la la.

A MON AMI GUILLERAUD (PHILESIS)

qui me reprochait mon silence.

J'ai mérité, j'en suis confus,
Que l'on gourmande ma paresse;
Mais vieux, et podagre, et perclus
Ainsi qu'un navire en détresse
Qui voudrait atteindre le port,
Je m'oriente sans boussole,
Tombant de tribord à babord.

Cependant ce qui me console,
C'est que le reste du grand mât
Peut résister à la tempête,
Et que j'ai conservé ma tête,
Malgré la vigueur du combat.

Sur ces vers amphibologiques
D'ici je vous vois ruminer,
Ne cherchez pas à deviner
Car l'école des politiques,
Des Metternick, des Taleyrand,
Ne peut atteindre ma mesure;
Croyez, puisque je vous l'assure,
Que je suis plus grand, bien plus grand!

Vous dites donc, ô Philesis,
Que, le deux, c'était vôtre fête,
Mais, le deux, c'est au Paradis
Qu'à fêter les saints on s'apprête.
Seriez-vous donc parmi les morts,
Et votre épouse, tant chérie,
A-t-elle fait de vains efforts
Pour avoir un signe de vie.

Ceci ne serait pas plaisant
Pour la cure de votre jambe;
Sans doute, il en est autrement,
Puisque vous vous dites ingambe,
Ce que j'apprends avec bonheur,
Et nous sablons en votre honneur
Une bouteille de Laprée,
Que mon épouse a conservée
Pour un heureux événement,
Recevez notre compliment. [nomme,
Ne vous nommant pas mort, c'est François qu'on vous
Consultant l'almanach de Mathieu de la Drôme,
Je puis enfin corriger mon erreur.

J'accepterais de bien bon cœur
Du blanc nouveau, mais je crois raisonnable
De ne pas trop charger le budget de ma table;
Quant au Laprée, liqueur de roi,
Renard, je le dis vert et peu digne de moi,
Du moins en ce moment, pour raison de finance;
Mais, au printemps, je ne dis pas,
Si je suis gouverneur de la Banque de France.

J'espère de flacons amonceler un tas
Et les boire en trinquant à vous, à votre dame,
Si toutefois, madame... Mais, chut, gardons pour
Nos vœux ambitieux. Le journal de Trévoux   [nous
Pourrait bien cancaner, et je crois sur mon âme
Que je serais de taille à braver le destin,
Et.....

   J'embrasse madame et vous serre la main.

NOTA.

De ce papier verreux ne gardez aucun signe,
Car Dieu, pour me punir, ferait geler la vigne

A MON AMI PHILESIS GUILLERAUD.

Cette fois, c'est en bon état
Que votre caisse est arrivée,
Je constate ce résultat,
Peut-être elle était assurée;
Messieurs les administrateurs
Sur le temps ne se gênent guère;
Quand on se plaint de leur lenteur,
Ils nous envoient nous faire... faire.
Votre vin n'a mis que six jours
Pour franchir douze kilomètres.
Cette vitesse de parcours
Etonnerait bien nos ancêtres,
Si d'en haut ou d'en bas, ils pouvaient revenir;
Ils éprouveraient du plaisir
A savoir qu'en fait de vitesse
C'est la petite qui progresse.

Le fût filait sur le côté,
On avait respecté la bonde,
Mais, au fond, un fosset planté
Prouvait qu'il est, de par le monde,
Un personnel très-curieux,
Et qui tient surtout à connaître
Si le liquide est jeune ou vieux.

Ma foi, lorsque le baromètre
Est tant au-dessus de zéro,
Par du Pouilly remplacer le coco,
C'est preuve de bon goût, je pense.
On devrait une récompense,
S'il ne perchait sur l'inconnu,
Et voulait donner son adresse
A celui qui perce la pièce ;
Mais trop modeste, sa vertu
Ne concourt pas pour la médaille
Que Sparte offrait à la canaille.
Bref, le mérite est méconnu,
Et pour preuve portons ailleurs notre pensée :
Vous m'avez dit que, consternée,
Madame Guilleraud, une lettre à la main,
La démarche incertaine et le front tout chagrin,
Vous avait abordé, — comme si de ma flamme
J'eusse laissé tomber un brandon sur madame.

Je suis un peu vexé de voir que dans ce cas
Je ferais un effet qui ne me flatte pas.
Donc, loin de provoquer une douce faiblesse,
Si, témérairement, j'avouais ma tendresse,
On me repousserait, et mon propos galant
Ne serait accueilli ni peu, ni bien, pourtant.
J'ai la prétention de valoir quelque chose,
Sur deux fameux bâtons, ma citrouille repose,
Un joli cantalou domine mes appas,
J'ai de chaque côté de gentils échalas.
Sous la couleur d'argent brille ma chevelure,
Je ne vous parle pas de ma belle tournure,

De ma taille bien prise et de mon large dos,
Les soupirs que je pousse éveillent les échos,
Et les senteurs du bois, qui termine la plaine,
S'effacent au parfum qu'exhale mon haleine.
Tel est mon capital pour commercer d'amour,
Si je le mets aux pieds de quelque jeune épouse,
Certain d'être accueilli, vienne l'humeur jalouse
D'Othello, — je le brave, et la nuit et le jour.

LE CHANT DU CIGNE.

Accords tristes et doux,
Divine simphonie,
Suave mélodie,
Toi qui viens jusqu'à nous,
Tu confie au zéphir
Une plainte touchante ;
C'est le cigne qui chante :
Il va bientôt mourir. } BIS.

Il vogue lentement
En soulevant son aile,
Ainsi qu'une nacelle
Qui flotte au gré du vent ;
Puis au doux souvenir
De Léda, son amante,
Le pauvre cigne chante :
Il va bientôt mourir. } BIS.

Comme dans ses beaux jours,
Il relève la tête,
L'écho plaintif répète
Ses doux accents d'amour ;
Mais à sa voix tremblante

Succède un long soupir :
C'est le cigne qui chante,
Il va bientôt mourir ;
C'est le cigne qui chante
Il va bientôt mourir ! } BIS.

MON HIRONDELLE.

Hirondelle, petit oiseau
Qui, chaque jour, sur ma gouttière,
Célèbre par ton chant si beau,
Le retour de l'heure première,
Tu gazouilles si gentiment
Qu'il n'est pas pour moi de romance,
Qui soit comparable à ce chant
Que chaque jour tu recommence.

Est-ce donc un accent d'amour
Ou ta prière matinale,
Est-ce pour saluer le jour
Qu'avant l'aurore tu t'installe,
Sans jamais varier d'endroit,
Et sans jamais varier d'heure,
Sur la même ardoise du toit
Qui couvre mon humble demeure?

Peut-être bien tu te souviens
Qu'en tombant d'une cheminée,
Tu vécus deux jours loin des tiens
Dans une chambre inhabitée.
Tu languissais de froid, de faim,

Et tu serais morte, peut-être ;
Je te réchauffai sur mon sein,
Et te posai sur la fenêtre.

Là, tu ne restas qu'un instant,
Puis, tu t'envolas dans l'espace ;
Est-ce un instinct reconnaissant
Qui te ramène à cette place ?.....
Décris tes courbes dans les airs,
Petite hirondelle, ma mie,
Je suis payé par tes concerts,
D'avoir pu te sauver la vie.

Tous les printemps, à ton retour,
Quand chez moi tu viendras te rendre,
Je m'éveillerai chaque jour
Pour te revoir et pour t'entendre.
Surtout souviens-toi qu'en ce lieu
Une place t'est réservée,
Cher petit oiseau du bon Dieu,
Pour y déposer ta couvée.

LA MENDICITÉ EST INTERDITE.

1841.

O Siècle du progrès, les portes de nos villes
Prouvent tout l'intérêt que prennent tes édiles
A balayer le sol, mais à plein tombereau.
L'indigent, stupéfait, devant un écriteau,
Lit : — « La mendicité partout est interdite ! »

Nous ne verrons donc plus la mouche parasite
Venir sucer le miel de nos féconds ruchers,
Les lichens cesseront d'emprunter aux rochers
Le suc, peu généreux, qui soutenait leur vie,
C'est ainsi que le veut l'ordre, l'économie,
Comme toujours, palais, plaisirs, fruits et moissons
Appartiendront au riche ; au pauvre, les prisons.

La misère en haillons, pâle, have, toute nue
Salirait, en dormant, l'asphalte de la rue !

De vous civiliser, pauvres on prend le souci,
On vous a fait bâtir un bagne à Beaugency.
Vos plaintes et vos chants modulant des prières,
Ne nous rediront plus, vos maux et vos misères,
Vous pourrez, à loisir, assemblés en congrès,
Méditer sur ces temps de luxe et de progrès !

L'aveugle, le gouteux, l'homme privé d'un membre,
Avec, ou sans arrêt de la sixième chambre,
Obtiennent, en ce lieu de la paille et du pain,
Et même du travail leur promettant un gain
Qui leur fait espérer qu'un jour, un jour propice,
Il leur sera permis de mourir à l'hospice,
Sans payer aucun droit, selon le règlement,
Et qu'alors en veillant à leur enterrement,
Un ami,.. (s'il en reste encore à l'indigence),
Soustraira leur dépouille au fer de la science.
Car, mourir en ce lieu, c'est être bien certain
De subir le scalpel de quelque carabin
En quête d'une veine, ou d'une artériole,
Ou d'être découpé devant toute une école,
Ou bien encor d'aller dans quatre cabinets
Par quartiers détaillé, servir aux cours secrets
Des apprentis docteurs, savante pépinière,
Qui, sans scrupule aucun, met l'homme à la chaudière,
Le taille, le découpe, et lui brise les os,
Le dépouille, le coud, macère ses lambeaux,
Prétendant excuser par la philantropie
Le sacrilége abus de son anatomie !..

Ah ! s'il faut, à tout prix, fouiller le sein des morts
Pour connaître la vie et ses divers ressorts;
Si le trépas nous rend une inerte matière
Qui, poussière autrefois, doit retourner poussière,
Pourquoi donc ces respects aux cadavres des grands;
Ces pompes du cerceuil, ces convois opulents ?
Ces discours prononcés sur une tombe amie,
L'eau lustrale arrosant la dépouille chérie,

Ce terrain acheté, ces riches monuments
Qui reportent aux morts les regrets des vivants ;
Que ne demandez-vous, au sein de l'opulence,
Les secrets du tombeau ; là, votre expérience,
Élèves, peut trouver d'abondantes moissons,
Lafarge, en cour d'assises, exsude ses poisons,
Un prince des savants, au feu de sa bassine
Retrouve l'arsenic qu'absorba la poitrine !
Là ! vous pouvez... mais non, respectez, mes enfants,
Le cadavre du riche, et ceux des indigents,
Winzlow, Lecat, Cloquet ont traité la matière
Auzou l'a reproduite, et notre espèce entière,
Fibre à fibre attaquée, ou vaisseau par vaisseau,
Ne nous peut maintenant rien dire de nouveau
Pour l'explorer, enfin, et pour la bien connaître,
Il vous suffit de lire et comprendre un grand maître.
Compulsez Richerand, Ruisch, Bichat, Sabatier,
C'est là que le savoir a placé son foyer.

Mais, loin de mon sujet, je m'écarte. Ma rime
Était pour l'indigent qu'un arrêté supprime,
 A qui la loi dit, meurs, mais ne demande pas,
Ou bien, contre un cachot change ton galetas.

S'est-on bien retracé quelque mère éperdue
Que la misère jette à l'angle d'une rue
Pour tendre, en rougissant, sa défaillante main,
Et nous dire tout bas, pitié !... pitié !... j'ai faim.
Mon père aveugle est là, qui périt de détresse
Comme lui, mes enfants succombent de faiblesse,
Pitié !... pitié !... de grâce !!! eh bien ! notre raison,

Répond à cette femme, il est une prison
Où l'on va vous donner asile et de quoi vivre.
Il faut en attendant, et, sans délai, nous suivre ;
Mais, mon père ! - Tarare — et mes enfants ! — pourquoi
Femme mendiez-vous ? marchez, de par la loi,
Sur le banc de la honte, et du vice, et du crime,
Le Code du progrès va vous payer sa dîme

Et d'une voix émue, et, la pudeur au front,
Un juge la condamne à cet indigne affront
De recevoir le pain de la sentine immonde !

Ladres de charité ! votre tête inféconde
N'a trouvé rien de mieux contre la pauvreté
Que de la secourir par la captivité !
Sublime dévouement !!! le Christ à l'agonie
Dit — j'ai soif ! — on lui sert du fiel et de la lie !

Mais du moins, en sortant de chez Lemardelai
Truffé de fins coulis, abreuvé d'Épernay,
Le porteur d'actions à son aise digère
Sans être importuné par des cris de misère.

Novateurs imprudents, demandez au bandit
Compte de sa vengeance et des feux de la nuit,
Demandez qui l'arma de poignards homicides,
Et demandez pourquoi ces fréquents suicides.

C'est que l'homme, croyant avoir droit au bonheur,
Est traité, malheureux, comme on traite un voleur ;
Il n'était qu'indigent, il adopte le vice,

Et vous absout du moins par ce grand sacrifice.

On ne supprime pas la faim par un arrêt,
Mais ce qui serait beau, juste et grand, en effet,
Ce serait un asile, ou, sans froisser personne
Un travail attrayant remplacerait l'aumône,
Asile ou le soleil, l'air pur et le ciel doux
Retiendraient l'indigent, mieux que murs et verrous.

NOTA. — Lorsque cette satire fut écrite après une visite faite par l'auteur dans un dépôt de mendicité, les établissements de bienfaisance n'avaient pas encore subi les améliorations que l'Empire a introduites et qui tendent à se perfectionner. Le blâme ne s'adresse donc pas à l'administration actuelle. Cette même note est appliquable à la plupart des satires contenues dans ce recueil.

A DEUX GRISETTES.

1822.

Mesdames, je voulus envain
Vous montrer l'amour au village,
Vous eussiez vu l'amour en cage,
Et de ce petit Dieu badin
L'artifice vous eut fait rire.
Pourquoi donc vous presser de dire :
Nous ne voulons pas voir l'amour?
Ce sera pour un autre jour.

La réponse était assez claire,
Et se passe de commentaire.

Bien différé n'est pas perdu,
J'ai le don de la patience
Qui prolonge mon espérance,

Chemin faisant j'allais être rendu
Près de mon logis et du vôtre;
Là, sur le point de nous quitter,
Voyez un peu le bon apôtre,
J'essaie encor de vous tenter,
D'un air gauche, même un peu bête,
Je propose le tête-à-tête,
Ne sachant à qui de vous deux
Je prétends adresser mes vœux.

Mon cœur est d'un côté quand ma bouche est de l'autre,
    Et puis ils changent tour à tour,
    Mesdames, parfois notre amour
    Ne peut-il ressembler au vôtre.
  Je vous propose un punch dans mon réduit,
  Vous refusez encore et l'une de vous dit
    Qu'il est d'autres moyens de plaire;
    Je crois comprendre, et nettement
    Fais entendre que, si l'argent,
    Pour obtenir est nécessaire,
    Je me conforme aux usages du jour.
Bref on ne m'entend pas, ou ne veut pas entendre

Pour cette nuit, renonçant à l'amour,
Seul au logis il fallut bien me rendre,
Pour calmer mes ennuis, j'adresse à vos appas
De pitoyables vers que vous ne lirez pas;
Castor ronfle en un coin, je n'ai plus de lumière
Un sommeil bienfaisant va clore ma paupière.
    O vous, dont l'œil mourant et langoureux
    Semble être fatigué du plaisir amoureux,
    Bon soir, adorable berceuse,
    Mais retenez la leçon sérieuse
    D'un vieux routier que l'on ne berce plus,
    Vous déservez les autels de Vénus,
    Je le sais, j'en ai l'assurance,
    Et certes, je connais d'avance,
    Ce que de vous on pourrait espérer.
      Mais j'aime à rire et folâtrer
      Sans permettre qu'on me balotte,
      Perdez l'espoir de me bercer

Car ma dent de sagesse étant prête à percer
Prouve que, dès longtemps, je porte la culotte.

Amour, pour nous venger, de la beauté sauvage
Qui me fuit à la ville, et te fuit au village,
Ah! dans un songe heureux, livre-moi tour à tour,
Ce couple de Paphos, jusques aux feux du jour.
Et toi, pour mon bonheur, prolonge tes bienfaits,
Fixe ton voile, ô nuit, et ne cesse jamais !

Je viens de m'éveiller, je ne regrette pas
Mon tranquille sommeil, exempt de ces ébats,
Auxquels je demandais des plaisirs éphémères :
  Fantômes de la volupté,
  Je comprends combien ces chimères
  Sont loin de la réalité.

LE FOU DU ROI.

TROP DE SANG A COULÉ...

A L'EMPEREUR.

Prince, quand nos neveux reliront dans l'histoire
Et vos nombreux travaux et vos titres de gloire,
Il en est un surtout qu'ils devront admirer,
C'est, quand prenant en main la branche d'olivier,
Vous conseillez à tous de cesser le carnage.
Trop de sang a coulé, nous avons atteint l'âge
Où doit régner le juste... A chaque différent
Divisant les États, vous dites sagement
Qu'on pourrait le régler hors du champ de bataille;
Les morts amoncelés, les ruines, la mitraille,
Pour prouver le bon droit, sont des garants obscurs,
Un sage tribunal rend des arrêts plus sûrs.
Lorsque vous proposez ce grand aréopage
D'où la paix doit sortir et régner d'âge en âge,
On doit vous applaudir,

    Je pense ainsi,...

        ...Ma foi!

Le pensant, je le dis,...

      ...Je suis...

        Le Fou du Roi

BONJOUR MON ENFANT!

Seras-tu fille ou bien garçon?
Je n'en sais rien, mais tu vas naître;
Salut, mon petit rejeton,
Il me tarde de te connaître.
Sous quelque sexe, mon enfant,
Que le bon Dieu te donne vie,
Je sens la mienne rajeunie ;
Mais tu vas souffrir en naissant.

Ta mère va, par des douleurs,
Payer ton entrée en ce monde;
Quelle joie et douce et profonde
Aura bientôt séché ses pleurs,
Quand, petit être suspendu
Au sein de ta bonne nourrice,
Tu deviendras gros et joufflu
Comme un bébé de pain d'épice.

En liberté tu remueras
Tes petits pieds et tes bras roses,
Tu brailleras et tu feras
Même, toutes sortes de choses.
En te portant, pauvre petit,
Nous voudrons te faire sourire,

Nous te bercerons dans ton lit ;
Plus tard, nous t'apprendrons à lire.

Pour prix de ta première dent,
Tu me donneras, je présume,
Une tabatière en argent,
Ou bien, une pipe en écume !
Et plus tard, en nous promenant,
Quand tu sortiras de l'école,
Nous te ferons voir, mon enfant,
Toutes les farces de guignole.

C'est là que tu vas t'amuser,
Quand le diable et le commissaire
Voudraient bien le faire rosser
Et qu'il arrive le contraire !
Il ne faudra pas pleurnicher
Et faire ce qu'on te commande ;
Il ne faut pas mordre ou griffer
Ta bonne ni ta mère grande.

Je crois que tu seras toujours
Un rigolo petit compère,
Belle ou beau comme les amours
Et même comme ton grand-père.
Tu me demanderas des sous,
J'en donnerai deux, mais sois sage,
Et pour acheter des joujoux
Je t'en donnerai davantage.

Grand, nous irons à l'Opéra,
Un jour de *Juive* ou de *Prophète ;*

Mais pour entendre Thérésa,
Ne bougeons pas, c'est par trop bête.

Seras-tu fille ou bien garçon,
Je n'en sais rien, mais tu vas naître.
Bonjour, mon petit rejeton,
Il me tarde de te connaître.

A L'ENFANT QUI VA NAITRE.

Polissonne ou bien polisson,
Qu'est-ce qu'on dit à son grand père.
Sera-t-on sage? J'espère
Qu'on n'cassera pas à coups d'pierre
Les carreaux de la maison;
Depuis longtemps qu'je n'tai vu,
D'après la Métempsycose,
Tu fus toujours quelque chose;
Malgré tout c' que je suppose,
Je n'taurais pas reconnu.

Au festin de Balthazar
Occupais-tu quelque place.
As-tu nagé sous la glace
Ou voltigé dans l'espace,
Tu n'en sais rien, cher moutard,
Je dois te féliciter
D'avoir perdu la mémoire
Il y a dans toute histoire
Des heures, tu peux m'en croire,
Qu'on est heureux d'oublier.

Quand la volonté de Dieu
Aux mondes donna la vie

Un bon, un mauvais génie,
De la matière pétrie,
Ont entretenu le feu.
Je crois bien que c'est le bon
Qui préside à ta naissance,
Et te remercie d'avance
Si dans ta reconnaissance
Tu sais profiter du don.

GOELEUSE, DOMINICAIN, POCHARDE.

Louviers 26 mai 1862.

Je t'adresse un compte-rendu,
Des doux plaisirs de mon dimanche,
D'abord, dans un café, j'ai vu
La goeleuse qui fait la manche,
En nous offrant, pour du bonbon,
De nous prêter sa bonbonnière,
C'est le refrain de la chanson.

Dans le temple de la prière,
J'ai vu, dans le même moment,
Conduire un moine prédicant,
Portant l'habit de Lacordaire,
Et le suisse le précédant,
Avec la croix et la bannière ;
Tandis que la belle chanteuse,
Tout en minaudant, détonnait,
Le moine à face plantureuse,
Et prêchait et gesticulait.

Il eut converti cette foule,
Car il postigeait joliment,
Mais voilà qu'une femme soule
Contrecarre son boniment.

Ses zig zag n'étaient pas sans charme,
Ses pieds de nez et ses cancans
Faisaient rougir jusqu'au gendarme
Qui voulait la fiche dedans.

La malencontreuse équipée
Fut cause que dans un instant
Le beuglant perdit sa tournée,
Le moine, son verbe puissant.

L'ordre public, au corps de garde,
Seul de son zèle eut le profit,
Il put y garder la pocharde
Et constater ce qu'elle fit.

Voilà donc encore une page
Qu'à mes vers tu peux ajouter ;
Et tu vas dire : qu'elle rage
Mon homme a-t-il donc de rimer !

C'est ta faute, ma belle amie ;
En excitant mon Apollon,
Tu fais naître la parodie
Des beaux chants du sacré vallon.

Mon Apollon n'est pas, ma chère,
Cette merveille, aux membres nus,
Que l'on admire au Belvédère
Auprès des appas de Vénus.

Le mien ressemble au vieux Silène,
Il est goutteux, rhumatisant,

Porte un gilet rouge de laine,
Et radote tout en dormant.

Mais c'est égal, et tout de même,
Malgré ses cheveux blancs et son obésité,
Ainsi fait, s'il se peut qu'on l'aime,
Il prouve, en vous aimant, qu'il l'a bien mérité.

LA PRIÈRE D'UN MOURANT.

Dieu! que sur mes pauvres enfants
S'étende ta main protectrice
Je meurs, et dans quelque instants
Je me présente à ta justice.
Quand je ne serai plus, hélas!
Près de leur mère, que j'adore,
Pour l'aimer ils sont deux encore,
O mon Dieu, je ne me plains pas!

Du sort j'éprouvai la rigueur,
J'ai subi la faim, l'indigence,
Mais, au sein même du malheur,
J'ai reconnu ta Providence,
Qu'elle survive à mon trépas,
Protège mes enfants, leur mère,
C'est là mon unique prière,
O mon Dieu, je ne me plains pas.

Que la pratique des vertus,
Le travail remplissent leur vie,
Que ce qu'ils aimeront le plus,
Soit Dieu, leur mère, leur patrie.
Qu'ils accomplissent ici bas
Ce qu'à tous le devoir impose
Pensant à celui qui repose,
O mon Dieu, je ne me plains pas.

Toi qui relèves le roseau
Quand le souffle de la tempête,
En l'inclinant jusque sous l'eau,
Tort sa tige et courbe sa tête.
Aux orphelins ouvre tes bras,
Qu'ils vivent heureux sur la terre ;
Ils sont deux pour aimer leur mère;
O mon Dieu, je ne me plains pas!

1820

RONDE INFERNALE

Dédiée à une fausse dévote.

>Satan rit tout bas
>Et prépare les étrivières
>Dont, sur vos derrières,
>Il va donner à tour de bras.

Certes, je dois changer de note
Et n'espérer aucun pardon,
On dit que tu deviens dévote
Et quoi, vraiment, c'est tout de bon?

>Satan rit tout bas
>Et prépare les étrivières
>Dont, sur vos derrières,
>Il va donner à tour de bras.

Ah! mon Dieu, qu'elle différence!
Maintenant tu vas au sermon;
Jadis tu n'aimais que la danse
Et le diable dans maison.

>Satan rit tout bas
>Et prépare les étrivières

Dont, sur vos derrières,
Il doit donner à tour de bras.

Pour obtenir mainte sentence,
Pour rompre des nœuds indiscrets
Près d'un juge une complaisance
Produit parfois d'heureux effets.

Satan rit tous bas
Et prépare les étrivières
Dont sur vos derrières
Il va donner à tour de bras.

Quand, pour dissiper mes alarmes,
Je fus, sous un noble étendard,
M'essayer au métier des armes
Et me confier au hasard.

Satan rit tout bas
Et prépare les étrivières
Dont, sur vos derrières,
Il va donner à tour de bras.

Ainsi que toi, dévôte dame,
Les tiens perdant toute pudeur,
Voulurent envoyer mon âme
Auprès du Dieu son créateur.

Satan rit tout bas
Et prépare les étrivières
Dont, sur vos derrières,
Il va donner à tour de bras.

Mais voici ta dernière messe,
Il est tenu d'accuser tes torts.
Dévote, allons, vite à confesse,
J'entends sonner le glas des morts.

    Satan rit tout bas
    Et prépare les étrivières
    Dont sur vos derrières
    Il va donner à tour de bras.

A L'ENFANT QUI VA NAITRE.

C'est encore moi, cher petit inconnu,
Qui, sur ton sort probable et rumine et devise :
    Primo, tu vas venir tout nu,
Puis on va t'essayer ta première chemise
De dentelles garnie, et de festons brodés,
    Comme tu vas faire la tête,
    Quand tes membres, entortillés
    Dans les langes que l'on t'apprête,
    En gigotant, chercheront à sortir.
Ceci d'abord t'apprend que tout n'est pas plaisir
    Dans le chemin où tu t'engage ;
    Je veux ici te prévenir
    Que, si tu ne restais pas sage,
    Tu recevrais la totogne souvent.
    Suis donc ce conseil plus prudent :
    Au lieu de crier, il faut rire,
Bien manger ta panade et bien apprendre à lire ;
Alors je te promets bon nombre de joujoux,
Des soldats de carton, des dadas, des coucous,
Des billes, des ballons et le fusil-aiguille,
Un grand polichinel et toute sa famille.

Sois donc assez gentil pour ruiner grand papa
Qui devra te payer tout ce qu'il promet-là.

AU BARON D.....

MON VOISIN DE CAMPAGNE.

Par égard pour votre livrée,
J'ai bien voulu pardonner à Brayat
Quelques tours de fripon, quelque propos de fat;
De sa présence enfin ma maison délivrée,
Je m'adonnais paisible à mes travaux,
Ce dont j'éprouvais grande joie
Pourquoi faut-il donc que je voie
Ce malotru, par des ressorts nouveaux
Faire de votre nom un pont à l'injustice.
Je sais, baron, je sais qu'un sot taché du vice
S'oppose quelques fois à des vices plus grands.
C'est un épouvantail que l'on montre aux enfants,
Fort souvent le poison est un contre-poison,
Et Brayat, dans ce sens, est un contre-fripon,
Bien fatal à celui qui ferait la maraude,
A celui qui vous vole, à celui qui vous fraude,
Or, entendez parler les chétifs habitants
De vos bois, de vos prés, vos viviers, vos étangs.
Souffrirons nous longtemps ces nocturnes outrages,
Disent la carpe et le brochet.
Quoi, ce vaurien, ce magot, ce roquet,
Que l'on fut obligé de chasser des rivages
Du Serein et de l'Armençon

Vient ici piller le baron
Qui lui donna sa confiance;
De nous, de nos petits, menacer l'existence.
Baron, dans vos étangs, nous vivions assurés
De n'être pas servis sur votre noble table
Avant d'avoir atteint la taille raisonnable
De nos ayeux, tous au pied mesurés.

Maintenant, à l'heure sinistre
Où l'airain frémit douze fois,
De mégère, un affreux ministre,
Brayat, la truble en main, nous vient mettre aux abois.
A peine bons pour la friture
Il nous faut servir de pâture
Aux amis de Brayat, freluquets en sabots,
Et dans l'art de baffrer, tous maîtres et prévots.
Seigneur, arrêtez leur furie,
Vos étangs dépeuplés, attestent nos malheurs
Faussement on accuse et la loutre ennemie,
Et le furêt, et les rats destructeurs,
Ici votre seul garde impunément vous pille
Pour lui gibier, poisson, au village, à la ville,
Sollicitent plus d'un procès,
Ignorez-vous donc les excès
Auxquels s'est porté ce satyre.
Hélas, baron, pour vous instruire
De tous les faits de ce butor
« Que ne possédons nous encor
« Le bonhomme de Lafontaine ;
« Peut-être notre plainte vaine,
« Par sa plume portée, obtiendrait un arrêt

« Qui vous ferait chasser cet indigne valet.
  Il n'est besoin d'un Lafontaine
Pour vous dire, voisin, qu'un seigneur de Lorraine,
(Ou d'autre lieu, n'importe) apprivoisait un loup.
Ce loup parut l'aimer, il le suivait partout,
Faisait le mort, rapportait la baguette,
Rampait près de son maître et faisait la courbette,
Le léchait, s'en allait toujours le caressant,
Mais rien ne peut dompter un naturel méchant.
        Après une partie,
    Ayant son loup pour compagnie,
    Notre seigneur, un certain soir,
    S'en revenait à son manoir :
Maître loup le suivait et méditait son crime,
    Les yeux fixés sur sa victime,
    N'attendant que l'occasion.
    Le coursier, de notre baron,
    Imitateur de Rossinante,
Pour la première fois galope, s'épouvante,
Rue et se cabre, enfin fait un faux pas ;
    Le cavalier dans l'embarras,
Tombe, soudain le loup, d'une course légère,
Se jette sus, et sa dent meurtrière
    Met en lambeau son bienfaiteur.

    Ainsi donc, avis au lecteur :
 « De toute fiction, l'adroite fausseté,
 « Ne tend qu'à faire aux yeux briller la vérité. »

                                BOILEAU.

LOUPS ET RENARDS.

Fable.

Un lion régnait au désert,
N'abusant pas du pouvoir despotique,
Dans son palais, toujours ouvert,
 Entre un ours érudit, un profond politique,
 Qui se plait à vanter ses griffes et ses dents.
Puis, grand prince, dit-il, il est dans votre empire
 Des loups et des renards savants
Qui veulent s'assembler, dans le but de détruire
 Tous les charlatans
 Consultants.
Les renards et les loups sont princes de science,
Il faut par des faveurs payer leur influence,
Car elle est grande auprès des autres animaux,
 Et leurs travaux
Seront un jour l'orgueil de votre règne.
 A telle enseigne
Qu'ils ont inventé l'art de tondre les moutons,
Plumer les oies et saigner les dindons
Sans les faire crier, c'est là le grand mérite.
 Ordonnez donc de suite
Que quiconque n'est pas loup de race ou renard,
Ne peut saigner, purger, ni pigeon, ni canard ;
Le singe se permet, à la pie éborgnée,
D'ordonner un emplâtre, à la chèvre un séton ;

6.

Pour guérir un podagre, il fait une saignée,
Et brûle sur la peau des mèches de coton,
Évitant d'employer les plantes vénéneuses
Que prodiguent les loups dans chaque traitement,
Car ces derniers, sans crainte, en donnent tant et tant
Qu'il faut leur supposer la main bien malheureuse,
Si, par ce beau moyen, il ne parvenaient pas
A sauver le pays de ce grand embarras
Qui consiste à nourrir de nombreuses familles;
Des renards et des loups les femmes et les filles
Orneront vos *festins*, elles sont... à croquer !

Le lion baille et dit, mon tigre, ma panthère,
L'éléphant, mon ministre et machine de guerre,
Donneront leur avis : on va les consulter;
On querella beaucoup dans l'illustre assemblée,
          Mais le lion,
    Si l'on en croit la renommée,
Coupa court au débat. Pour qui donc nous prend-on,
Dit-il, on nous propose un marché d'influence,
Que les loups et renards trafiquent de science;
Pour moi, je ne veux pas, à leur art assassin
Donner de privilège, et, pour son médecin,
Chacun prend qui lui plaît; au club académique
On se dispute fort, on fait de beaux discours.
L'expérience étant le savoir empirique,
     Je préfère y avoir recours!

A MON AMI PHILÉSIS GUILLERAUD.

Non, l'ami Philésis, non, je ne suis pas mort;
Et, pourtant, j'en conviens, vous avez pu le croire,
Je ne vous écris pas, pour excuser mon tort,
Il faudrait faire un conte, et le vrai de l'histoire,
    C'est que je suis un paresseux!
Je baille, je m'étends, je me frotte les yeux,
Et dis chaque matin : mais il me faut écrire
A l'ami Guilleraud, dont je suis débiteur,
Et payer autrement qu'en pinçant de la lyre,
Le fût que je redois de sa bonne liqueur,
Dont la source n'est pas tarie,
Ce que je vais bientôt savoir sur le terrain.
Nourrice de Pouilly, pour réchauffer ma vie,
Au mois d'août, grand bébé, j'irai têter ton sein
Et ma femme, je crois, sera de la partie.
    Je choisis le temps le plus chaud
Pour pouvoir prolonger mon sejour dans la cave.
Le Bitter a le goût d'un vieux pied d'artichaut,
Mais, vive le Pouilly, généreux et suave!
Si vous n'en avez plus, il faut en acheter;
    Vous choisirez la marchandise
    Avec laquelle il faut que je me grise,
    Dussé-je l'employer pour me suicider.
    D'ici je vous entends dire

Pourquoi le *communiqué*
N'interdit-il pas d'écrire
A ce poète toqué!...

AU RÉDACTEUR EN CHEF DU TINTAMARE.

Je reçois très exactement,
De grand cœur, je vous remercie,
    Le *Tintamare* secouant
    La marotte de la folie.

Castigat ridendo mores,
C'est là, je crois, votre devise ;
Devise faite tout exprès
Pour qu'en riant chacun vous lise.

Donc, je vous lis et je ris, moi,
Qui croyais ne plus pouvoir rire,
Car j'ai perdu l'espoir, la foi,
Je n'ai de voix que pour maudire.

Je maudis le vin frelaté,
Les mets que gâtent les harpies,
Et le directeur entêté
Qui refuse mes comédies.

Croiriez vous, mon cher rédacteur,
Qui pratiquez la bienveillance,
Que pour trouver un éditeur
J'ai parcouru toute la France,
Et que, de l'un à l'autre bout,

Comme si j'apportais la peste,
On m'a tourné le dos. Surtout :

Ce qui m'a vexé, c'est un geste
Par le *Tintamare* illustré,
A propos de *Révalescière*,
Par lequel geste est démontré
Que l'éditeur n'estime guère
Les accents de mon Apollon.
Que reproche-t-il à ma rime?
Je ne suis pas un Commerson,
J'en conviens, et pas même un Trime.

Mais d'un mérite original,
Que de travers chacun regarde,
Je me vante, ainsi qu'Estibal
De Didier vante la moutarde!

Donc, je possède un manuscrit,
Un chef-d'œuvre que je dis rare,
Dont je désire le débit
Par le canal du *Tintamare.*

Il s'agit de dix mille vers,
Chansons, épitres et sornettes
Qui cassent à tort à travers
Et les vitres et les assiettes;
Je dis aux grands la vérité
Qu'ils n'ont pas coutume d'entendre;
Et je parle de liberté,
De manière à me faire pendre

Si Mourawief avait chez nous
Le droit d'employer sa ficelle,
Ou bien de nous régaler tous
De potages à la chandelle.

Voici donc la condition,
Pour devenir propriétaire,
Du manuscrit que j'offre à la souscription
Avec la permission d'en faire
Tel usage que l'on voudra.
Soit un in-octavo velin, doré sur tranche,
Soit le sujet d'un drame ou bien d'un opéra
Soit festin de souris oublié sur la planche.
Le souscripteur qui, sous pli cacheté,
Aura promis de payer une somme,
Qui puisse faire vivre un homme
Avec le revenu d'une propriété.

De ces dix mille vers est le propriétaire,
C'est pour un éditeur, une superbe affaire.

L'urne restera six mois
Ouverte à la concurrence.
Généralement on pense
Que les princes et les rois
Se mettront de la partie
Pour posséder ce gros lot,
Ce précieux bibelot,
Qu'une nouvelle Egérie
Me dicte, après mon dessert,

Sous l'ombrage d'un bois vert,
Près d'un ruisseau qui serpente.

Pour cinq mille francs de rente,
Soit en argent, soit en or!
On peut avoir ce trésor.

Dire qu'avec la réclame
Cela pourrait aboutir!
Hélas, j'ignore la gamme
Qu'on chante pour réussir.

LETTRE AU RÉDACTEUR DU TINTAMARE.

Ma lyre, j'en conviens, rend un trop faible son
Pour éveiller l'écho du Raincy, Commerson
Est blasé par les chants, en *ut*, en *mi bémol*
Que gazouille si bien un maître rossignol.

Aussi je ne viens pas gourmander son silence,
Et je ne prétends pas incliner sa balance
En tombant à genoux dans l'un des deux plateaux ;
Hélas! depuis longtemps, j'ai brûlé mes vaisseaux,
Et je vis ignoré dans une île déserte.

Mon livre du passé porte tout à la perte,
Et le zéro persiste à s'inscrire au profit.

Que ne suis-je un pouvoir, qui couvre son débit
Par de nouveaux emprunts que la chambre autorise
Pour garant d'un emprunt, je n'ai de marchandise
Que des vers, par Boileau, condamnés dans ses chants,
Et reconnus mauvais douze fois douze cents ;
Je ne vous cache pas que ce peu de mérite
Est cause qu'un beau jour je me suis fait ermite,
Non pas, ainsi que vous, dans le bois du Raincy
Où, de vos rédacteurs, vous classez le jeudi
L'esprit vif et railleur, soit sous forme d'épître,
D'un effet si puissant, que l'asperge et le nitre
N'ont plus, par les docteurs, besoin d'être ordonnés,

Soit prose, soit des vers, rares mais bien tournés,
Vous nous servez un mets, tartine hebdomadaire,
Qui fait de tout lecteur un petit dromadaire,
« Manière d'exprimer qu'il rit comme un bossu. »

Mais je m'arrête ici, mon style décousu
Semble celui d'un geai qui jase dans sa cage.
Or, je vous disais donc que mon humble ermitage
Ne peut se comparer à votre beau château
Avec son pavillon, son parc et son jet d'eau.
Le corps ceint d'un cordon, le pied dans la sandale
Je parcours la forêt et couché sur la dalle
Où jadis le druide immolait les humains.
Je porte autour de moi des regards incertains,
J'interroge les bois et l'onde qui murmure,
Dans ces arbres géants, j'admire la nature;
Quelle est grande et puissante, et que l'homme est
[petit.
Mais j'aperçois d'ici Commerson qui sourit
Et qui se dit : « Où tend ce langage baroque;
« Cet ermite va-t-il, de Marie-à-la-Coque,
« Nous chanter la complainte, et sa narration,
« Qui pourrait remplacer une purgation,
« Devient un cauchemar, pour peu qu'il la prolonge.
« Rossignol, quelque part, découvrez une longe,
« Pour conduire au plus loin ce chantre de forêt
« Pas de place pour lui, l'omnibus est complet. »

EPITRE A MON BRAS CASSÉ.

De l'empire que je gouverne,
Premier ministre, réponds-moi,
Et rends-compte de ton emploi.
Voyons, en ce qui te concerne,
Que fis-tu de mal ou de bien ?
De tout temps un étroit lien
Joint ton sort à ma destinée ;
Je t'ai vu soumis, complaisant,
Sévère, brusque, caressant ;
Pour moi, dans la même journée,
Agir en mille sens divers.
Ecris encore les mauvais vers
Que me dicte ton infortune
Et, le meilleur des bras cassés,
Ne vas pas, me gardant rancune,
Avant moi chez les trépassés !

Tu m'amusais dans mon enfance
Par le hochet et les grelots,
Par les pantins et les pierrots,
Par les coquilles en balance.

C'était alors le temps heureux,
Tu présidais à tous mes jeux,
Tu lançais les petites billes
Tu ravageais le jeu de quilles ;

La balle redoublait ses bonds,
Et le sabot, valsant en ronds,
Ronflant auprès de la toupie
Qui, des étreintes du lacet,
S'échappe et flétrit le parquet
Sur lequel elle est endormie.

Alors, alors, mon pauvre bras,
Ton ministère était de roses,
Mais vint le temps des grandes choses
Et le temps des grands embarras!
Ce furent d'énormes liasses,
Un magasin de paperasses
Arrêtant tes premiers essorts.

Un héritier de tous les morts,
Dans sa fabrique à procédure,
T'offrit une recette sûre
Pour s'enrichir en quelques mois;
Il t'eut démontré que les lois
Sont faites de pâte élastique;
Mais goûtant peu sa rhétorique,
Goûtant peu le langage en *us*,
Tu te lanças dans les abus.
L'amour te prit à la pipée,
Tu te souviens de cette almée,
Au visage pâle et grêlé,
Qui, te voyant neuf et zélé,
Abusant de ton ignorance
Sut habilement s'en servir
Et parut tant se divertir,
En usant de ta complaisance

Pour ses capricieux appas,
Que tu parcourais, ô mon bras.
Faut-il donc que je te pardonne
Les madrigaux et les couplets,
Et les bonbons et les bouquets
Que tu lui remis en personne.

Te pardonnerais-je, mon bras,
Le Tivoli du mardi gras,
Où sot arlequin à paillettes,
A cette reine des coquettes
Tu donnas un constant appui
Que tu me refuse aujourd'hui.

Ah! combien tu fis de brioches
Et de sataniques bamboches;
Car ici, j'en donne ma foi,
Je fus moins coupable que toi
Qui fourrageas tant de soubrettes
Auxquelles moi je ne fis rien
Que dire contes et sornettes
En quelque frivole entretien.
Surtout ce que je te reproche,
Ministre cinique et félon,
C'est d'être resté dans ma poche
Lorsque vinrent dans ma maison
Juge-de-paix et commissaire,
Un peloton de mercenaires
Pour m'expulser de mon logis.

Ah! quand j'y pense, je frémis
De ta longanimité grande,

De quoi sert-il que je commande
Si tu ne veux pas obéir;
Et faut-il pour ton bon plaisir
Qu'un soufflet reste sur ma face?

Dussé-je traîner la besace
J'espère toujours, ô mon bras!
Qu'un beau jour tu me vengeras
De tous les affronts de ma vie;
Il n'en est pas un que j'oublie
Et chaque jour vient ajouter
A ceux qu'il te faudra compter.
Ici, c'est un empoisonneur
Qui remplit ma coupe en silence;
Là, c'est un dénonciateur,
Là, c'est une femme en démence,
Dont on veut noyer les excès
Dans la chicane et les procès;
Un persécuteur, un faussaire,
Tout un congrès spoliateur.
C'est,... tu le sais, ô bras vengeur,
Et tu sais ce que tu dois faire.

Ministre, digne de crédit!
Non, ce n'est pas que tu refuse
Et c'est à tort que je t'accuse;
Tu m'as servi pauvre et proscrit,
Seul tu sus essuyer les larmes
Dont furent abreuvés mes jours,
Au pays offrant ton secours,
Fier et fort, tu courus aux armes;

Mais, hélas! cette noble ardeur
Nous devient encore inutile;
Le poison calomniateur
Nous a traqué dans cet asile;
Et nous fûmes, tous deux mon bras,
Veufs d'une honorable misère,
Seuls et sans appui sur la terre
Comme de pauvres parias.

Et puis la haine des familles
Nous conduisit vers ces tapis
Dont on donne le gain aux filles,
Tout en s'exposant au mépris.

Oh! que c'est une horrible chute
Où l'homme tombe fracassé!
Où, sans jamais être lassé,
Le préjugé nous persécute!
Si, par ce torrent emportés...
Eh bien donc, si, dans notre course,
Nous y fûmes précipités,
Nous avons nagé vers la source;
Et coupant d'un bras vigoureux,
Une onde amère et corrosive,
Nous avons regagné la rive,
Dignes d'un destin plus heureux.

Comme l'amant de Valérie
Volant notre art à des savants,
Nous avons su de notre vie
Utiliser les derniers ans;

Et, sans recueillir d'Épidaure
Les couronnes et les abus,
Nous pouvons à l'aveugle encore
Montrer le ciel qu'il ne voit plus.

Que si les serpents de l'envie
Viennent siffler autour de nous;
Si parfois un docte jaloux
Provoque la loi qui nous lie;
Du riche que j'ai pu guérir
S'il excite l'ingratitude,
Nous avons dans la solitude
Quelques pauvres pour nous bénir.

Ainsi, mon bras, reprends courage,
Nous terminons notre voyage
Sans cordons et sans oripeaux.
Restons des bâtards d'Esculape;
Et si, pour prix de nos travaux,
Dînant sans argent et sans nappe,
Par l'hôpital il faut finir,
Que nous fait le champ de bataille,
Les pilules ou la mitraille,
Puisque, frère, il nous faut mourir.

Nous verrons les docteurs en face;
De bonne foi nous leur devons
Nos dernières déjections
Et notre dernière grimace.

Des femmes, anges de bonté,
Prieront pour nous à l'agonie.

Sœur Angèle ou sœur Eugénie,
Modèles de la charité,
Seront peut-être de service
Pour nous rendre ce bon office.
Donc : *Fiat voluntas Dei*
Atque potentis filii.

Et cependant rien ne nous presse;
Pour l'heure, ce qui m'intéresse,
Est de te voir, mon pauvre bras,
Délivré de ton embarras;
Tiens-toi donc tranquille à ta place
Et ne saute plus un fossé,
Comme ferait un insensé,
De peur que l'on ne te recasse.

L'ORGIE,

GALOP CHINOIS.

1835.

AIR NOUVEAU.

La liberté fit des enfants,
Petits Chinois de bonne mine,
Dont on fabriqua les savants
Et les orateurs de la Chine;
On leur permit le pot de vin,
Les ronds de jambe et les refrains,
Puis on en fit des mandarins,
Drin, drin, drin, drin, drin (*ter*).

Un jour, les mandarins chinois,
Écoutez tous, c'est une histoire,
Ayant battu les Iroquois,
Se prirent à chanter et boire.
En ont-ils bu des pots de vin,
En ont-ils chanté des refrains,
Les mandarins, les mandarins!
Drin, drin, drin, drin, drin (*ter*).

Ayant bien bu, ces grands Chinois
Dirent de fameuses bêtises;

Et, pour vexer les Iroquois,
Ils gambadèrent sans chemises.
En ont-ils bu des pots de vin,
En ont-ils chanté des refrains,
Les mandarins, les mandarins!
Drin, drin, drin, drin, drin (ter).

Quand ils se furent abreuvés
A perdre l'œil et la mémoire,
Ils devinrent tous enragés,
A ce que rapporte l'histoire.
En ont-ils bu des pots de vin,
En ont-ils chanté des refrains,
Les mandarins, les mandarins!
Drin, drin, drin, drin, drin (ter).

Envain on veut les museler,
Ils poussent la plaisanterie,
Dit-on, jusques à violer
Celle qui leur donna la vie.
En ont-ils bu des pots de vin;
En ont-ils chanté des refrains,
Les mandarins, les mandarins!
Drin, drin, drin, drin, drin (ter).

Elle en est morte de chagrin,
Ils embaumèrent ses entrailles
Et lui firent, le lendemain,
De magnifiques funérailles.
En ont-ils bu des pots de vin;
En ont-ils chanté des refrains

Les mandarins, les mandarins !
Drin, drin, drin, drin, drin (*ter*).

De douze morts environné,
Hécatombe innocente et vaine,
Son convoi, lentement traîné,
Lentement a gagné la plaine.
En ont-ils bu des pots de vin;
En ont-ils chanté des refrains
Les mandarins, les mandarins!
Drin, drin, drin, drin, drin (*ter*).

Et le voile de la douleur
Couvrait une foule éperdue,
Et le tam tam : criant, malheur !
Faisait vibrer l'air et la nue.
En ont-ils bu des pots de vin,
En ont-ils chanté des refrains
Les mandarins, les mandarins !
Drin, drin, drin, drin, drin (*ter*).

Instrument lugubre et discord,
Tu retraces à ma pensée,
Alecto hurlant près d'un mort
Qu'elle tient sous sa main glacée.
En ont-ils bu des pots de vin;
En ont-ils chanté des refrains
Les maudrins, les mandarins!
Drin, drin, drin, drin, drin (*ter*).

Et près des célèbres remparts,
Toute couverte de souillure,

Invisible à tous les regards,
Elle a gagné sa sépulture.
En ont-ils bu des pots de vin ;
En ont-ils chanté des refrains
Les mandarins, les mandarins !
Drin, drin, drin, drin, drin (*ter*).

Le peuple la pleure toujours,
Car les savants firent un code,
Ordonnant que mille vautours
Doivent veiller sur la pagode.
En ont-ils bu des pots de vin,
En ont-ils chanté des refrains
Les mandarins, les mandarins !
Drin, drin, drin, drin, drin (*ter*).

Afin que, du souffle divin,
Interceptant toute étincelle,
Il ne puisse entrer dans Pékin,
Aucune liberté nouvelle.
En ont-ils bu des pots de vin,
En ont-ils chanté des refrains
Les mandarins, les mandarins !
Drin, drin, drin, drin, drin (*ter*).

Bientôt les mandarins chinois
Voyant qu'on a peine à les croire,
Rebâtonnent les Iroquois
Et se sont tous remis à boire.
En ont-ils bu des pots de vin ;
En ont-ils chanté des refrains

Les mandarins, les mandarins !
Drin, drin, drin, drin, drin (*ter*).

Pour nous, qui fort patiemment
Voguons vers la terre promise,
Si nous mettons la voile au vent
Nous ne dansons pas sans chemise.
En ont-ils bu des pots de vin,
En ont-ils chanté des refrains
Les mandarins, les mandarins !
Drin, drin, drin, drin, drin (*ter*).

A moins qu'un jour quelque criquet,
Pour nous donner de l'étrivière,
Ne vienne de par le parquet
Nous prendre jusqu'à la dernière.
En ont-ils bu des pots de vin,
En ont-ils chanté des refrains
Les mandarins, les mandarins !
Drin, drin, drin, drin, drin (*ter*).

Auquel cas serions, vous et moi,
Vu la perte et vu le sinistre,
Obligés de danser, ma foi,
En uniforme de ministre.
En ont-ils bu des pots de vin ;
En ont-ils chanté des refrains
Les mandarins, les mandarins !
Drin, drin, drin, drin, drin (*ter*).

GALOP FINAL.

Par la suite nous apprendrons

Que les cordons qu'on leur accorde
Seront si nombreux et si longs
Qu'on en pourra faire une corde.
En ont-ils bu des pots de vin,
En ont-ils chanté des refrains
Les mandarins, les mandarins !
Drin, drin, drin, drin, drin,
Drin, drin, drin, drin, drin,
   Drin, drin, drin,
     Drrrrrin !

Nota. — Le refrain s'accompagne en frappant avec son couteau sur les verres et les assiettes.

A MON AMI PHILESIS GUILLERAUD.

Vous vous plaignez, et vous avez raison
De gourmander ma muse paresseuse
Qui, profitant de la chaude saison,
S'endort à l'ombre et paraît oublieuse
De ses amis qui réclament ses chants;
Mais elle est vieille, et faire des enfants
Un peu gentils est chose difficile;
Je la surprends, parfois, changeant de style
Et s'adressant au suprême pouvoir,
Le croirez-vous, essayant l'encensoir!
Oui, l'encensoir! tenez, jugez la chose,
Echantillon : *Le Voyage d'Alger*
L'a mise en verve. Or donc pour voyager
Voici ce que sa hardiesse propose...

VOYAGE D'ALGER.

A SA MAJESTÉ.

Dans l'africaine colonie,
(Ce bruit est venu jusqu'à moi),
Que tu vas voyager, et voilà que l'envie
Me prend de partir avec toi.

Ton secrétaire qui va lire
Cet inimitable placet,
Va le jeter au feu, peut-être, ou bien se rire
De mon ambitieux projet.

Car, je ne veux pas de livrée,
Car je veux vivre à mon loisir;
Et si je te parlais parfois, dans la journée,
Je croirais te faire plaisir.

Lorsqu'entre nous et portes closes,
En t'entretenant sans témoins,
Je te dirais de bonnes choses,
Ou que je crois telles, du moins.

Pour faire ce que je veux faire,
Il faudrait ton assentiment,

Un équipement nécessaire
Et des vivres et de l'argent.

Mais, sans doute, que sur la liste
Qui doit suivre ta majesté,
Point n'est place pour l'oculiste,
Dans le service de santé.

Aussi je n'ai pas l'espérance
De voir accueillir ce billet ;
Mais, c'et égal, j'en cours la chance
Et serai bien surpris s'il produit de l'effet !

Nota. — L'auteur n'a pas été surpris, mais pas du tout, du tout.

MIROBOLANT

SUR LA PLACE DE PÉKIN.

La grosse caisse.

Ba da boun, d'gïne, d'gïne,
Ba da boun, d'gïne, d'gïne,
Ba da boun, dgïne d'gïne, na, na, na!
Et pounn na na na, et pounn, na na na
Et pounn, na na na, d'gïne, d'gïne!

Mirobolant.

Habitants de Pékin, hommes, femmes, enfants,
Grands et petits chinois, magots ici présents
Votre humble serviteur, arrivant d'Amérique,
Et possesseur d'une eau, merveilleux spécifique
Que lui fit découvrir un merveilleux hasard,
A traversé les mers pour vous en faire part.

Boun, boun!

Je ne viens point ici pour redresser la vue
A ceux qui, parmi vous, n'auraient que la berlue.
Je ne viens point ici, respectables Chinois,
Pour vous faire danser sur des jambes de bois.
Le flacon que voici, présent de la nature,
Enferme dans son sein, une eau, mais une eau pure.

Boun, boun!

Cette eau qui vient du ciel et coule au Missouri,
N'est pas de vos savants; le fatal bistouri
Qui, Chinois malheureux, vous promet la lumière
Et vous met à deux doigts de votre heure dernière;
Avez-vous quelque mal, du pied jusqu'à la dent,
Servez-vous de mon eau. Ce remède innocent,
Chinois qui m'écoutez, a guéri plus de monde
Que tous vos médecins, sur qui l'enfer se fonde,
En enterrent entr'eux; écoutez le récit
De quelques-uns des maux que mon talent guérit.
   Ba da boun, boun,
   Ba da boun, boun,
    Boun.....

Plus de deux mille enfants, aux leçons indociles,
Paresseux et gourmands, devenaient imbéciles;
Leurs parents, désolés, se servent de mon eau,
En donnent tant et tant que ce moyen nouveau
Soumet, en peu de jours, la jeunesse rebelle.
Le grand François premier, possédait une belle
Qu'il lui fallut quitter. — Un cuisant souvenir
Le suivant en tous lieux, — il ne pouvait bannir
Ce sujet de douleur; — mais à force de boire,
Cette eau, avec le temps, en purgea sa mémoire.
   Boun, dgïne!

Femmes, qui m'écoutez, avez-vous un mari
Qui boive trop de vin? Que l'eau du Missouri
Tempère les ardeurs de la liqueur traîtresse,
Et jamais votre époux ne sera dans l'ivresse,
   D'gïne!

O vous qui gémissez sous de terribles nœuds,
Vous qu'un hymen fatal a rendus malheureux,
Débonnaires maris dont, parfois, la ruine
Est l'effet des excès de quelque Messaline,
Oyez ! et profitez des vertus de cette eau.
Boun, Boun !....

Baignez-en, chaque jour, quelque jeune arbrisseau,
Soit coudre ou néflier, que cette utile plante
Arrive à la grosseur ou d'ordinaire ou haute,
Puis coupez par le pied ce baume de raison ;
En un mot, faites-en ce qu'on nomme un bâton
Que vous mettez au sec et gardez pour l'usage.
D'gïne, boun !

Si votre objet, frappé de quelqu'accès de rage,
Fait vacarme au logis, saisissez au plus tôt
Le remède susdit, et... frottez-lui le dos
Du haut jusques en bas, tout le long de l'échine,
Et vous verrez alors ce que la médecine
A de plus merveilleux ; autrefois on nommait
Ce remède étonnant : *l'Huile de Coterets.*
Je l'ai rectifié, maintenant ladite huile
Employée à propos, n'engendre plus de bile ;
Voici l'eau du bonheur, hâtez-vous d'en jouir ;
Approchez, ô Chinois, et faites-vous servir.

La grosse caisse.

Ba da boun et ba da boun et ba da boun,
D'gïne, d'gïne, d'gïne, d'gïne, d'gïne,
Ba da boun, boun, boun, ba da boun.

A MON TYRAN.

C'est fort mal à toi, Ninichon,
De ne vouloir pas me permettre
De sceller une pauvre lettre
Avec le dé d'un doigt mignon.

Ce dé peut il dans ta cervelle
Faire éclore un soupçon jaloux?
A la vertu de ton époux
Fais-tu cette injure cruelle?

Peut-être bien as-tu pensé
Que mon physique et mes manières
Ont séduit quelques couturières;
Pour moi, ce beau temps est passé.

Hélas! Je ne séduis personne,
Mon cœur, mes sens sont en repos,
Et j'ai de l'amour plein le dos
Quand ma recette n'est pas bonne!

Pour m'expliquer et parler net,
Tu sauras que ce dé pour coudre
Était près de la boîte à poudre,
Quand j'ai cacheté ton poulet

Si tu ne voulais pas me croire,
Ce serait mal assurément,
Je puis en faire le serment;
Un serment vrai comme l'histoire.

  Cette justification
Doit te suffire, ô mon épouse,
Et calmer ton humeur jalouse,
Qui me transforme en papillon.

AU DOCTEUR R....

Qui m'a fait insulter par un malade.

Je suis un charlatan, vous l'avez dit, docteur!
En voilant votre front qui rougit de pudeur.
J'aime ce beau courroux d'une âme noble et fière
Qui, sans jamais broncher, a fourni sa carrière;
Votre puissante main tient mon coursier captif,
Pour marcher désormais, c'est un âne *rétif*
Qu'il me faut fustiger et graisser de cravache,
Car un âne rétif n'est bête que je sache
A me pouvoir mener, ni vite, ni bien loin.

Cher docteur, ainsi donc, vous vous donnez le soin
D'établir un blocus aux portes des hospices,
Où plus d'un pauvre aveugle a reçu mes services
Où la femme Gébert, à quatre-vingt-quatre ans,
A revu, par mes mains, le ciel et ses enfants;
Où d'autres, par mon art, ont recouvré la vue,
Où tant d'autres, par vous, doivent l'avoir perdue.

La règle le permet, c'est votre droit, docteur,
De ce temple, nommé grand sacrificateur,
Vous avez le pouvoir d'immoler les victimes,
Comme moi j'ai le droit d'aligner quelques rimes.

Mais, sans vous animer d'un superbe courroux,
J'ai vu Zozo, jadis, opérer devant vous;
Votre oreille, aussi longue et bien moins pudibarde,
Souffrait patiemment sa musique criarde;
La caisse et le clairon égayaient vos esprits.
J'ai connu les clients que vous avez conduits,
Près de Mirobolan qui vendait la bouteille,
Et vous battiez des mains et vous chantiez merveille.
Bref, je n'ai moi, chétif, ni caisse, ni clairon,
Et votre âne *rétif*, peut être veut du son?
    Las, pour le satisfaire,
    Que ne puis-je imiter
    Un habile confrère,
    Qui s'entend à traiter
Ce point fort délicat, partant très difficile.
J'ai pourtant bel exemple, et dans plus d'une ville,
Des docteurs accueilli, ce concurrent heureux
Au revers de sa carte ajoute part à deux.

Bientôt, à deux battants, les portes des hospices
S'ouvrent pour le héros, on vante ses services
Dont on enfle à dessein et partage le prix.

Tout ne se cote pas à la Bourse, à Paris,
Et pourtant à Paris, Esculape trafique
Sur ce que la province adresse à sa fabrique,
D'où l'on voit revenir un ou deux pauvres yeux,
Savamment estropiés par Monsieur part à deux.
Ainsi, je ne fais pas, et mon mérite mince
Est fort mal accueilli du compère en province,

Qui dans l'art des Winzel, inhabile, imprudent,
Vide (*Il en a le droit*) l'œil de quelqu'indigent
Que j'aurais pu guérir par ma sûre pratique.
Mais, l'œil étant vidé, du moins un empirique
Ne peut, dans les journaux, profiter d'un succès,
Et, par ce beau moyen, réprimant les excès
Qu'à bon droit on reproche à ces spécialistes,
Vulgaires médecins, soi-disant oculistes;
On prouve qu'il vaut mieux périr par les savants,
Que devoir son salut à de vils charlatans.

Maintenez donc, Monsieur, vos jolis privilèges,
De borgnes aveuglés, fournissez les manèges,
Soyez, ô grand docteur, jaloux, rogue, rétif,
J'ai pour vous flageller, encre, plume et canif.
Vous pouvez sur mon compte et jaser et médire :
Mais j'y pense, ah! parDieu, vous ne sauriez me nuire.
Car, entre nous soit dit, si les vrais charlatans
Ne doivent à l'hospice opérer de longtemps,
C'est qu'un repos complet vous parait nécessaire
Et que décidément, vous ne voulez rien faire.

Notice sur cette lettre.

J'étais à l'hôtel de . . . . . à B . . . . . ou j'avais précédemment opéré à l'hospice. Un aveugle cataracté, vint me trouver et me prier de l'opérer gratuitement disant qu'il était l'ancien ami de M. R., chirurgien de l'hospice.

Je lui répondis que j'y consentais volontiers, que j'étais dans de bons termes avec ce médecin et qu'il aille lui demander de fixer l'heure à laquelle il pourrait être présent à l'opération.

Une demi heure après cet aveugle vint me dire que le docteur avait répondu que les *charlatans* n'opéraient pas dans son hôpital! Cette insulte gratuite, en présence de dix voyageurs et du maître d'hôtel, me fit bondir dans ma chambre et le lendemain cinq cents exemplaires de cette satire étaient répandus dans la ville. En commençant par l'insolent docteur dont le nom favorisait singulièrement la confection de mes hémistiches vengeurs, et dont il ne m'a pas demandé compte.

L'année suivante, le même aveugle, qui avait été opéré par un nouveau médecin de la localité, se représenta à moi les deux yeux atrophiés.

LE PAPILLON.

Papillon vole, vole, vole,
Ainsi que fait le hanneton
Ton ton, ton ton, ton taine, ton ton,
Mais viens dans ta course frivole,
Folatrer près de Ninichon
    Ton ton,
  Ton taine, ton ton!

Volant de conquête en conquête
Ainsi qu'un gandin du grand ton,
Ton ton, ton ton, ton taine, ton ton,
Tu pourrais bien faire ta tête,
Si tu n'aimais pas Ninichon
    Ton ton
  Ton taine ton ton!

Sur mainte fleur ou blanche ou rose
Tu viens t'abattre sans façon,
Ton ton, ton ton, ton taine, ton ton
Mais la fleur ou tu te repose,
Se cultive chez Ninichon
    Ton ton,
  Ton taine, ton ton.

Elle est très fine mon épouse
Lorsqu'elle fait du carillon,
Ton ton, ton ton, ton taine, ton ton ;
C'est pour que j'offre à la jalouse,
 La réconciliation !
  Ton ton,
 Ton taine, ton ton.

Interruption.

Je viens de voir une malade.
Pour une consultation
Ton ton, ton ton, ton taine, ton ton,
Elle me paye une salade,
Une friture et du jambon,
  Ton ton,
 Ton taine, ton ton.

Sous la table une demoiselle
Attaque le pied de Gaston,
Ton ton, ton ton, ton taine, ton ton,
L'occasion me parait belle
Pour que l'on s'explique à tâton
  Ton ton,
 Ton taine, ton ton ton.

Si pas un examen n'en souffre,
S'il ne vient pas un rejeton,
Ton ton, ton ton, ton taine, ton ton,
Si le volcan n'est pas un gouffre
Je laisse courir l'étalon.

Ton ton,
Ton taine, ton ton.

Cela ne nous regarde guère ;
Il a de la barbe au menton,
Ton ton, ton ton, ton taine, ton ton,
Ce n'est pas pour rien que sa mère
A fait un aussi beau garçon,
Ton ton,
Ton taine, ton ton.

Maintenant le papier me manque
Pour continuer ma chanson.
Ton ton, ton ton, ton taine, ton ton,
A défaut de billets de banque,
Reçois ma bénédiction.
Ton ton,
Ton taine, ton ton.

LA VIEILLE NÉGRESSE.

Bon maître à moi, moi te bénis,
Toi n'a pas fait couper la tête
A petit noir, mon petit fils,
Quand appeler toi... grosse bête!
Seulement, maître a battu moi!
Battu bien fort!!... mais pas me plaindre,
Voir mourir fils, moi pouvais craindre.
... Ah! n'est pas blanc plus doux que toi!

Et quand un jour, petit luron
Fit sous ton nez grosse grimace,
A pardonné, maître bien bon,
A petit noir il a fait grâce;
Seulement maître a fait à moi
Couper la main!... mais pas me plaindre;
Voir mourir fils, moi pouvais craindre.
Ah! n'est pas blanc plus doux que toi!

Un jour, malgré toi, petit noir
Est venu voir vieille négresse,
Par pitié pour mon désespoir
Et par égard pour ma vieillesse,
Seulement maître a fait, à moi.
Crever un œil, mais pas me plaindre

Voir mourir fils, moi pouvais craindre ;
Ah ! n'est pas blanc plus doux que toi.

Si petit noir il fait encor
Quelque nouvelle étourderie,
S'il faut maître battre bien fort
Vieille négresse qui te prie,
Et couper l'autre main à moi,
Crever l'autre œil, moi pas me plaindre ;
Voir mourir fils, moi pourrais craindre
Ah ! n'est pas blanc plus doux que toi.

UN RÊVE

AU HAVRE.

Je m'appuyais sur la jetée,
Contemplant la mer agitée,
Et de la mauve épouvantée
Je suivais le vol incertain;
Le mât s'inclinait sous la toile,
Le matelot serrait la voile,
Le pilote cherchait l'étoile
Qui le guide dans son chemin !

Et j'entendais dans le nuage
Des bruits d'un sinistre présage,
Je voyais un pâle visage
A travers un crêpe flottant,
Flambeau de la nuit qui se prête
Aux caprices de la tempête
Comme un fantôme dont la tête
Semble fixer, en menaçant.

Et je disais : ta voix plaintive
Est le dernier chant qui m'arrive,
Alcyon, bientôt sur la rive
Tu te poseras près de moi ;
Qu'un scalpel jamais ne me fouille
Ne permets pas que l'on me souille,

Qu'ils insultent à ma dépouille
Les R. V..... ni les du Martroi.

Tout ces pédants dont l'insolence
N'a d'égale que l'ignorance,
Eux dont on inscrit la science
Sur les registres de la mort,
Aux derniers instants de ma vie
Je veux cracher sur eux la lie
Que, dans leur coupe d'infamie,
Ils versent si bien à plein bord!

Mais déjà le destin me venge,
Et j'éprouve un plaisir étrange
R. V..... lorsque je pense à l'ange
Auquel ton sort est accouplé.
Et cette autre là bas qui louche,
Dont le safran couvre la touche
Dans un cratère au lieu de bouche,
Qui se recommande à Souplé.

Près d'une compagne si belle
Si l'on cessait d'être fidèle,
Elle ferait couper ton aile
De par son sceptre cotillon;
Vois comme sa prunelle brille
Lorsqu'elle fait la jeune fille,
Et souviens toi que la chenille
Pourra devenir papillon.

J'admire ton allure fière,
Cocher devant, laquais derrière,
Sans bourrelet et sans lisière

Tu fais courrir tes trois carcans.
Ma brouette n'a qu'une roue
Et bien mieux qu'elle, je l'avoue,
Tu cours dans la fange et la boue
Au steeple-chass des charlatans!

Mais je reviens sur la jetée
Contempler la mer agitée,
Mauve, ton aile fatiguée
Contre l'orage lutte en vain;
Le vaisseau sombre sous la toile;
Le matelot serrant la voile,
Le pilote cherchant l'étoile
Ont trouvé la mort en chemin!

Et puis par de là le nuage,
Au-dessus des bruits de l'orage,
Je revois le pâle nuage
A travers le crêpe flottant,
Témoin sépulcral qui s'apprête
Pour les splendeurs de cette fête,
Ayant la foudre sur ma tête
A mes pieds... le gouffre béant!

O mon Dieu, je te remercie,
C'est ton pardon qui me délie
Des épreuves de cette vie
Qui m'ont saisi dès le berceau;
Tu mets un terme à ma souffrance,
Mais je n'avais pas l'espérance,
Mon Dieu, que ta magnificence
M'offrirait ce riche tombeau!

LA PAIX!...

Nous voyons poindre à l'horizon,
Les signes d'une ère nouvelle,
Puisque désormais la raison
Devra régler toute querelle,

C'est la sagesse et l'équité,
Qui vont remplacer sur la terre
La honte de l'humanité,
Le hideux fléau de la guerre !

Si ce grand résultat a lieu,
Si cette tâche est accomplie
Sous l'inspiration de Dieu,
Honneur, à la diplomatie !

Plus de meurtres, plus de combats,
Plus d'hécatombes homicides,
Les humains, dans tous les climats,
De lauriers seront moins avides !

C'est à décupler les moissons,
Et les produits de l'industrie
Que, grâce à la paix, nous pourrons
   Consacrer toute notre vie.

Plus de glaives, plus d'instruments
Toujours employés pour détruire,
De colonnes ! de monuments,
Sinon ceux où l'on pourra lire :

« Non que cent mille combattants
« Jonchèrent tel champ de bataille
« De leurs cadavres pantelants
« Et déchirés par la mitraille. »

Mais que de puissants souverains
Ont enfin aboli la guerre,
Et, pour le bonheur des humains,
Fait disparaître la misère.

Que le globe régénéré
Est une commune patrie
Où l'homme pour l'homme est sacré,
Où le meurtre est une infamie.

Qu'elle disparaisse à jamais !
On dira Honte ! au lieu de Gloire !
Pour tous ces prétendus hauts faits
Qui sont le deuil de toute histoire.

Au lieu de fondre des canons
Forgeons des rails et des charrues ;
Nous n'aurons d'autres bataillons
Que ceux des anges dans les nues.

Ils souriront à nos travaux
Et détourneront les tempêtes,

Les arts par des produits nouveaux
Seront nos utiles conquêtes.

A vous ! Souverains réunis
Sur le terrain où l'on expose,
De mériter le plus grand prix
Produisez la plus grande chose !

LA PAIX!!!

FIN DE LA PREMIÈRE PARTIE.

CHANSONS

LETTRES FAMILIÈRES, SATIRES

ET POÉSIES DIVERSES.

DEUXIÈME PARTIE.

CHANSONS
LETTRES FAMILIÈRES, SATIRES
ET POÉSIES DIVERSES.

EN AVANT,

Chant national de l'Italie.

1865.

En avant, en avant! soldats de l'Italie,
    Phalanges de la liberté,
Tous les cœurs généreux sont de votre côté;
    Affranchissez votre patrie!

    Un grand prince l'a proclamé,
    Des Alpes à l'Adriatique
    Un seul état sera formé,
    Vous secouerez un joug inique!

En avant, en avant, soldats de l'Italie,
    Phalanges de la liberté,
Tous les cœurs généreux sont de votre côté;
    Affranchissez votre patrie.

    Chassant le pouvoir oppresseur
    Sous lequel a gémi Venise;
    A cette belle et noble sœur
    Rendez la liberté promise.

En avant, en avant, soldats de l'Italie !
Phalanges de la liberté,
Tous les cœurs généreux sont de votre côté ;
Affranchissez votre patrie !

Versé dans les premiers combats,
Le sang féconde la poussière ;
Et tout un peuple de soldats
Se range sous votre bannière.

En avant, en avant, soldats de l'Italie,
Phalanges de la liberté,
Tous les cœurs généreux sont de votre côté ;
Affranchissez votre patrie !

Tous les mondes n'ont qu'un autel,
Le Ciel est la voûte du Temple,
Et c'est de là que l'Eternel
Et vous soutient et vous contemple.

En avant, en avant, soldats de l'Italie,
Phalanges de la liberté,
Tous les cœurs généreux sont de votre côté ;
Affranchissez votre patrie !

Combattez donc sous l'œil de Dieu
Puisque, dans sa toute-puissance,
Il permet l'épreuve du feu
Avant d'incliner la balance.

En avant, en avant, soldats de l'Italie,
Phalanges de la liberté,
Tous les cœurs génereux sont de votre côté ;
Affranchissez votre patrie !

LES MIROBOLANTS.

1830.

Air. . . .

Caisse et musique.

Badaboum d'gïne, et poum gïne, gïne,
Et poun, gïne, gïne, na, na, na !
Poun, poun, na, na, na, poun, poun, na, na, na,
Bataboum, bataboum, d'gïne, d'gïne.

Mirobolant.

Des charlatans, sur une place,
Avec tambours, fifres, clairons,
Haranguaient une populace
Sur tous les airs, sur tous les tons,
    Et boum, gïne, gïne,
    Et boum, gïne, gïne, etc.

Messieurs, disait l'un, mon remède
Est propice contre tout mal,
Il n'en est pas un qui ne cède
A mon baume colonial !
Badaboum, gïne, gïne, etc.

L'autre disait, à la minute,
Je guéris les dents, les douleurs,
Des cheveux j'arrête la chute,

Je les teins en toutes couleurs,
Et poum, gïne, gïne, etc.
Je vends un philtre incomparable
Pour se faire aimer des garçons,
Vous pourrez vous moquer du diable
Si vous achetez mes flacons.
Badaboum, gïne, gïne
Badaboum, gïne, gïne,
Na, na, na.

Mirobolant déclame.

Je ne viens point ici conter des fariboles,
Estimable public, connaissez Mirobole.
Faut-il vous parler grec ou vous parler latin,
Qu'un curé se présente, ou bien un médecin,
C'est avec ces messieurs que je suis à mon aise,
Ce n'est pas d'aujourd'hui que je soutiens ma thèse,
Toutes les facultés se souviennent de moi,
Il n'est pas un savant, dans le palais du roi,
Qui puisse répéter mieux que je ne le dis...
Si venieris per gratum me feceris!

O pouvoir du talent! ressources du génie!
Je travaille, Messieurs, pour servir la patrie;
Je répands en tous lieux des torrents de lumière,
Aveugle! par mes soins, tu connaîtrais ton père,
(*Chose si difficile, au temps où nous vivons.*)
Boum, boum.

Par l'effet étonnant de quelques frictions,
Le croirez-vous, Messieurs, j'ai dans les grandes villes
Fait casser et brûler des milliers de béquilles,

Et je disais alors, à ces peuples surpris :
Si venieris per gratum me feceris.

Boum, boum.

Mortels infortunés, vous, que Dieu fit si bons,
Combien vous méritez que les afflictions
Que ce Dieu de bonté répandit sur la terre
Cessent de ravager la cité, la chaumière.
Vous naissez en souffrant, vous vivez malheureux,
Et voici le portrait de vos maux désastreux.

Grosse caisse.

D'gïne, d'gïne.

Enfants, la maladie attaque votre couche,
Vous payez, par des pleurs, l'émail de votre bouche,
Des reptiles vivants, troublant vos fonctions,
Vous mènent à la tombe, et les convulsions
Hérissent de dangers le seuil de votre vie ;
Franchissez-vous ce pas, l'affreuse esquinancie
Signale les abords de votre puberté,
Dans ses canaux étroits, privé de liberté,
Le sang circule mal, vos mères éperdues
Vous livrent, en pleurant, à d'avides sangsues,
Si cet heureux secours arrive assez à temps,
Il peut, et j'en conviens, soulager les enfants.
D'un savant professeur, respectant le domaine,
Je ne le foule pas sous le char qui me traîne,
Assez d'autres, sans moi, se chargent de ce soin.
Laissons l'adolescent, chaque jour est témoin
Qu'il achète bien cher les plaisirs de la vie,
Mais ces plaisirs, enfin, l'âge mur les envie,

L'âge mur a raison et peut les regretter,
La nature à seize ans n'est pas à redouter!
Badaboum, badaboum, etc.

Grosse caisse.

Parmi les maux divers qu'un organe contracte,
Il en est un fréquent, qu'on nomme cataracte,
Sa marche qui varie et sa description,
Les moyens curatifs et l'opération
Furent l'objet constant des travaux de ma plume;
L'académie en corps a reçu le volume
Où j'explique comment on doit traiter l'iris,
Quand son affection vient de la syphilis.

<small>Mirobolan jette sur son entourage un regard qui exprime le contentement de soi-même, puis après un silence calculé, il reprend :</small>

Composé de tissus membraneux, délicats,
De mille maux divers, l'œil soutient les combats,
L'angle interne engorgé, par l'humeur qui circule,
Dans le sac lacrymal produit une fistule,
Qui toujours nécessite une opération,
De l'angle à la cornée vient le pterygion
Menaçant de couvrir en entier la prunelle.
Ici l'œil est sans tache et la pupille est belle;
Malheureux, je te plains, cette immobilité
Ne révèle que trop la triste vérité;
L'amaurose est complète, ô vérité terrible,
Et rien ne peut au jour rendre cet œil sensible.
Un jour, dans sa campagne, un brave et vieux soldat
Me présenta sa fille en ce pénible état :

Des pleurs en abondance inondaient son visage,
Quoique morts, ses beaux yeux conservaient un lan-
Et malgré mon désir, mon courage impuissant [gage,
Ne pouvait pas tenter de guérir cette enfant.
Combien j'ai regretté que mon art inutile,
Intéressante enfant, trop aimable Camille
N'ait pu vous arracher aux ombres de la nuit.

Grosse caisse.

Boum, boum, boum, boum.
Messieurs, un charlatan peut être homme d'esprit
Et même de talent... Par le charlatanisme,
Je ne désigne pas seulement l'empirisme ;
L'empirique est un fat, impudent, effronté,
Qui vendrait volontiers des brevets de santé !
Le charlatan n'est pas toujours sur une place,
Par fois dans les châteaux on retrouve sa trace.
On le trouve au chevet du comte, du baron,
D'un banquier ou d'un prince. Il ne faut qu'un grand
Pour transformer en or le nectar de la Seine, [nom :
Vendre dix mille francs l'oxide d'hydrogène ;
Quand trainant dans Paris son modeste tonneau
L'auvergnat vous le vend dix centimes le sceau

Grosse caisse. — 6 Coups.

Dans un sac transparent, nommé cristalloïde,
Au centre de l'iris, près de l'hyaloïde,
Est un corps arrondi, qu'on nomme cristallin,
Le plaçant en ce lieu, la nature eut dessein
De faire converger les rayons de lumière

Qui subissent encore une épreuve dernière
Pour arriver au nerf qui les rend au cerveau

Le cristallin doit donc être clair comme l'eau,
Les veilles, le travail, l'abus de certains actes,
En troublant cet endroit, forment les cataractes
Qui peuvent arriver par toute autre raison,
Mais qu'on ne guérit pas sans opération.
Vainement un auteur prétend que le cautère
Mis sur le sinciput redonne la lumière.
Il faut donc opérer, et, le fer à la main,
Extraire sagement le chétif cristallin,
Ou bien le déplacer à l'aide d'une aiguille.
Voilà, voilà, Messieurs, où mon mérite brille.
Parmi ce qui m'entoure est-il un malheureux
Qui soit dans cet état? Je lui touche les yeux :
A l'instant il pourra tout voir et tout connaître
Et vous saurez alors si je suis un grand maître,
Ou si je suis un sot, un fat, un impudent,
Un cuistre sans mérite, un faquin sans talent.

Il n'est au firmament qu'un soleil pour la terre;
Il n'est que moi, Messieurs, pour rendre la lumière.

 Badadoum, boum, boum, boum, boum,
 Et d'gïne, et d'gïne, et d'gïne, d'gïne, d'gïne.

CONTREDANSE.

1823.

Tra la la, dansez, sautez,
Lestement faites vos passes,
La pastourelle, les grâces,
Et puis chassez et déchassez,
Traversez, revenez, balancez;
C'est assez.

Chacun de nous, en cette vie,
Danse ou galope à sa façon,
Suivant leur goût ou leur manie,
Les uns sautent au violon;
Lise, sur la coudrette,
Va prendre ses ébats
Et glisse sur l'herbette
Sans craindre les faux pas.

Tra la la, dansez, sautez,
Lestement faites vos passes,
Etc., etc.

Lorsque l'on me prêche abstinence,
Lorsqu'un avoué soutient mes droits,
Quand je vois la Sainte-Alliance
Étayer le trône des Rois.
Quand on m'ouvre la veine,

C'est, je le dis tout net,
Sans prendre tant de peine,
Comme si l'on chantait.
 Allons donc, dansez, sautez,
  Etc., etc.

Pour mieux mettre à profit la danse,
Aspasie, au bal de la cour,
S'empresse, avec une excellence,
De former la chaîne d'amour.
Quelle heureuse figure,
Pour disposer du sceau,
On lui doit, je vous jure,
Plus d'un chef de bureau.
Allons donc, etc., etc.

Apôtres des vieilles maximes,
Débris de nos antiques fleurs,
Cessez de mettre au rang des crimes
Et nos luttes et nos malheurs.
Quand un bruit qu'on accueille,
Réglant votre destin,
Change le portefeuille,
Nous chantons ce refrain :

Allons donc, dansez, sautez,
Lestement faites vos passes,
La pastourelle, les grâces,
Et puis chassez et déchassez,
Traversez, revenez, balancez.
 C'est assez !

REGRETS.

1836.

Mourante de faim et de froid,
Peut-être et souffrante et débile,
Elle eût traîné de ville en ville
Et sa misère et son effroi!
Tout l'épouvantait, la pauvrette,
Un regard d'homme la flétrit,
Pitié pour elle!... Ange maudit,
Epargne ma Laurette!...

J'ai veillé près de son berceau,
J'ai reçu son premier sourire;
Je lui cherchais l'oiseau martyr,
Je lui cueillais le fruit nouveau;
Et puis elle a marché seulette,
Et puis la mort me la ravit.
Pitié pour elle, etc.

C'est moi seul qu'elle doit aimer,
Moi seul je couronnais sa tête;
Ces sons, à calmer la tempête,
Moi, je l'appris à les former;
Et puis elle a chanté seulette,
Et puis la mort me la ravit.
Pitié pour elle, ange maudit,
Epargne ma Laurette!

Sur le tertre où gît l'enfant mort,
On voit venir chaque journée
Sa pauvre mère condamnée
A pleurer sur son triste sort,
Et qui chaque jour lui répète
Ses regrets que l'écho redit :
Pitié pour elle, ange maudit,
Epargne ma Laurette.

TO BY - OR NOT TO - BY.

1850.

Etre, ou bien n'être pas!... mais, en effet, que suis-je?
Un frêle végétal incliné sur sa tige,
Un roseau qui vacille au caprice des vents,
Un atome soumis à tous les éléments,
A qui n'est pas donné de pouvoir se connaître,
Qui jamais de son sort ne peut devenir maître,
Ne pouvant expliquer la haine, ni l'amour,
Bronchant à chaque pas, bien qu'il marche en plein
[jour.
Suis-je, ou ne suis-je pas? qu'elle est ma destinée?
Dois-je la mesurer sur le cours d'une année?
D'une heure, d'un instant? Qu'a-t-elle de certain?
Et qui peut se flatter d'avoir un lendemain?
Qu'est-ce que la vertu, que partout on proclame?
Nos sens dépendent-ils du corps ou bien de l'âme?
Dois-je nommer — le doute une déception
Dois-je nommer l'espoir une dérision? —
Si mon sort est réglé par une main divine,
Il faut donc l'accuser quand l'éclat d'une mine,
Vient déchirer un corps et le lancer souffrant,
Meurtri, défiguré dans un gouffre béant.
. . . .
. . . .

LETTRE A M. R......

INGÉNIEUR EN CHEF.

1820.

La faim, selon un vieil adage,
A chassé les loups hors du bois,
Et voilà que depuis deux mois,
Je suis sans argent, sans ouvrage,
Pour n'avoir pas su faire une bonne maison,
Dans un état voisin de la misère.
De vous, dites-le moi, que faut-il que j'espère
Je n'aime pas beaucoup faire ventre de son,
Mes beaux jours sont passés, des amis, des maîtresses
Ont disparu, comme eux, pour ne plus revenir.
J'en ai pourtant reçu de brillantes promesses
Qui ne s'offrent à moi que par le souvenir.
Bref il faut travailler et régler ma dépense,
Dans Paris, par vos soins que j'obtienne un emploi
Quelqu'en soit le produit, veuillez parler pour moi,
Je ne vous parle pas de ma reconnaissance,
D'après le mien, je juge votre cœur,
Et crois que le bienfait solde le bienfaiteur.
Si, comme je le crois, mon sort vous intéresse,
Occupez-vous de moi, le besoin est pressant,

Je compte plus sur vous que sur certain parent
Qui fait une morsure au lieu d'une caresse;
  Dieu me garde d'un tel soutien!...
De tout ce que j'avais, je n'ai plus que mon chien
Qui, jadis redouté des hôtes des prairies,
A quitté ses plaisirs, pour mon triste séjour,
A mes pieds il oublie et Diane et l'Amour,
Les rives de l'Armance et ses plaines fleuries.
  De tant d'amis que j'avais autrefois,
  Castor, seul ami qui me reste,
  Tu braves le revers funeste
  Qui nous éloigne de nos bois.
  Flotte sur ta molle demeure,
  Humide habitant du marais,
  Nous ne troublerons plus ta paix,
  Castor ne veut plus que tu meurs.
  Courez, courez donc librement,
  Hôtes des bois et des bruyères,
  Pour lui plus de courses guerrières;
  L'immobile avertissement,
  Qui m'annonçait votre présence,
  Castor ne le donnera plus!....
Il partage mon sort, et nos beaux jours perdus
Laissent à peine encore place pour l'espérance.

2ᵐᵉ LETTRE A M. R...

1820.

Vous aussi R...., vous m'avez oublié,
A l'aspect du malheur vous gardez le silence,
  Et l'égoïste indifférence,
Qui d'un pesant fardeau soulage l'amitié,
Jette dans votre cœur sa semence féconde!!
Or si tout est au mieux dans le meilleur des mondes
  Il faut donc qu'il en soit ainsi ;
  Du domaine de Sans-Souci
Je n'ai pas dissipé le joyeux héritage ;
Bien que pauvre et soumis au frein de l'esclavage,
Je puis, je veux encore aspirer au bonheur.
  C'est en caressant le malheur
Qu'à la fin je pourrai lui fermer mon asile,
(L'espoir soutient, dit-on, jusqu'au seuil du tombeau)
Espérons que *Mondor*, plus juste et plus utile,
Va déposer, enfin, l'hypocrite manteau ;
Que les femmes, toujours bonnes, prudentes, sages,
Aimeront leurs époux, leurs enfants, leurs ménages ;
  Qu'avant cent ans votre canal,
(Veine d'écoulement pour nos terres fécondes)
Conduira vers Paris ses libérales ondes ;

Que désormais le sort fatal
Épargnera quelque ménage,
Que plus d'un heureux mariage
Étonnera nos yeux surpris ;
Et que nous n'irons pas, des autels de Cypris,
Faire fumer l'encens au temple d'Epidaure,
Dont, à pas chancelants, on monte les dégrés.
Gras et frais R...., vous ignorez encore
Ce temple ou les dévots, pâles, désespérés,
Implorent Esculape et ses noires cohortes.
Là, le fer et le feu, de subtiles poisons,
Préparent à la mort d'abondantes moissons,
Et pourtant le plaisir y conduit par cent portes.

Bâtard du double mont, d'un trait audacieux,
J'attaque imprudemment les hommes et les Dieux.
Ou va donc m'égarer l'ardeur de la satire,
A de plus doux accords essayons notre lyre.

En attendant qu'il plaise au ciel de m'envoyer
Dix mille francs de rente et pompeux équipage,
    Non loin du traiteur Dénoyer
    J'habite un gentil ermitage.
Vainement, je voudrais abjurer mes erreurs,
Au milieu des flons flons, des lanla derirette
    Et des refrains de la ginguette,
Entendez la folie aux grelots enchanteurs ;
    Ici de cent beautés l'élégante parure
    Anime les désirs et fixe les regards,
Là, des couples joyeux dégringolent en chars
Du haut du mont fameux d'où s'élance Mercure

Pour prévenir le roi des dieux
Qu'en ce séjour délicieux
L'art a su transporter les bosquets d'Idalie.
Que des Nymphes, la moins jolie,
Peut lui faire oublier Junon,
Que Vénus est à la Courtille
Et que le petit Cupidon
Fixe sa cour à Belleville.
Là, je saute en cadence, au son du flageolet,
Là, je valse aux accords d'une douce harmonie,
Je donne un rendez-vous secret
A Clarisse la brune, à la blonde Sophie.
Plus loin simulant des tournois,
Des preux en calicot, sur des chevaux de bois,
Le poignard à la main, parcourent la carrière,
D'une course rapide ils rasent la poussière,
Et, pour se joindre, ils font des efforts superflus
Un quadrille dans l'air, exécutent une ronde,
Tantôt dessous, tantôt dessus,
Ainsi que s'agite le monde.
Enfin mon ermitage a quelqu'autre agrément
Qu'un chantre plus habile aurait pu vous décrire,
Mais pour moi, qui ne sais si vous voudrez bien lire
Le fruit de mon désœuvrement,
Je m'arrête... aussi bien quelqu'un frappe à ma porte,
Et c'est peut être un créancier,
Un huissier, que le diable emporte,
Qui vient réclamer le loyer,
Ou, du marchand de vin, présenter le mémoire.
Je maudis les exploits de cet original ;

Je n'ai pas de crédit, je n'ai plus de métal,
Puisque je bois de l'eau... quoi, de l'eau seule à boire !
Mes ennemis ont donc obtenu dans les cieux
  Que pour me réduire à l'extrême,
  On lance contre moi la colère des dieux
  Et les foudres de l'anathème.

LA SOCIALE DE TITINE

1848.

Air : *Dans le service de l'Autriche.*

Je m'embête d'être modiste,
Je veux être socialiste.
    Vive l'Amour,
C'est à lui que j'ai dû de naître,
Je n'veux plus avoir d'autre maître,
    La nuit, le jour.
J'ai des moutards, pour nourrir c'te marmaille,
Matin et soir faut toujours que j'travaille
J'veux d'beaux habits, des bijoux, j'veux de l'argent,
    J'veux quitter quand ça m'plait,
        Quand ça m'plait
    J'veux prendre un amant,
  La liberté n's'entend pas autrement,
  La liberté n's'entend pas autrement,
On peut quitter, changer ou reprendre un amant.

II.

J'veux au Château Rouge, à Mabile,
Cancaner et ne pas me faire d'bile;
    J'veux des bouquets,
J'veux qu'la sociale me fasse une bosse

J'veux qu'elle m'promène en carosse,
J'veux des laquais.
J'suis assez belle, et j'suis assez bonne fille,
Pour rendre heureux un gandin de famille.
J'vas m'en r'passer des crêmes, du pigeon,
D'la galantine aux truffes, d'la galette, du saucisson,
Du vin mousseux, du Bordeaux, du Mâcon.

Parlé.

Tiens, au fait, pourquoi donc que j'n'en s'rais pas d'la sociale?

V'la Minette Galuchon, la fille du portier d'à côté, qui a été officier dans les vésuviennes, elle a fait connaissance d'un gros bonnet dans les foncés rouges qu'elle a suivi en Angleterre, c'est là qu'elle a fait la passion d'un goddem qui la dorlotte, et lui repasse des cachemires, ni plus ni moins que si c'était du calicot, elle roule voiture la petite Galuchon.

J'la vaux bien c'te fille, sans m'vanter! dites moi c'qui l'a poussée?... la politique, quoi, l'opposition, la montagne! eh bien, elle n'en sait pas tant que moi sur l'article... Si elle a été vésuvienne, moi j'ai été vierge républicaine, toute une matinée, sur la place de la Concorde, c'était ça un rôle difficile!... quand on est chauffée par un polisson de soleil et passée en revue par le gouvernement.

J'n'y tenais plus, ce jour là, vrai, j'étouffais... sur la place.

Récitatif.

Trois cents vierges suivaient ce cortège si beau
Où l'or faisait briller les cornes du taureau,
Spectacle curieux, qui jamais dans la rue
Ne s'était, à Paris, fait passer en revue.

Parlé.

Ce qui nous a tenu trois heures, c'est que les rupins de la sociale ont exhorté chaque citoyen à bien comprendre la nouvelle manière de s'arranger. Ils ont dit :

Au Soldat.

Ne réponds pas quand on t'appelle,
Ne mange plus à la gamelle,
    N'obéis plus.
L'honneur, la patrie et la gloire
Marengo, l'Empire, l'Histoire,
    Sont des rebus.
Si t'es soldat, ce n'est que pour la forme,
C'n'est pas la peine d'porter l'uniforme,
Flane, en riant des guerriers d'autrefois
Qui mouraient sottement pour soutenir d'injustes droits
  En combattant pour la France et ses lois.
  Flane en riant des guerriers d'autre fois,
  Qui combattaient pour la France et ses lois.

A L'Ouvrier.

Depuis trop longtemps tu travailles,
Laisse-là marteaux et tenailles,

Vas écouter,
Les bras croisés, sous quelque halle,
La règle que la sociale
Veut t'enseigner.
Et comprends bien cette belle maxime
Qu'en travaillant tu n'es qu'une victime;
A tes enfants le riche doit du pain,
Ton salaire est trop vil, on te doit un autre butin.
Croise tes bras ou cours le grand chemin,
Croise tes bras ou cours le grand chemin,
A tes enfants le riche doit du pain.

Au Commerce.

Etre marchand, c'est de la bêtise!
Quiconque a de la marchandise
Doit la fournir;
En revanche il a l'droit de prendre
Tout ce que son goût peut prétendre.
Pour s'divertir.
On met la main sur tout ce qui peut plaire,
De marchander il n'est pas nécessaire.
Par ce moyen on vous prouve comment
On n'a jamais besoin d'avoir de l'or ou de l'argent.
Au lieu d'ach'ter ce qu'on veut on le prend,
On n'a jamais besoin d'avoir d'argent
Au lieu d'ach'ter ce qu'on veut on le prend.

Aux Producteurs.

Le blé viendra sans qu'on s'échine,
Le pain se fera sans farine,

Ni boulanger.
La carpe se pêch'ra toute frite,
Le bouillon s'passera d'la marmite,
Plus d'cuisinier.
Des fontaines fourniront chaque sauce ;
Chacun de vous pourra s'faire une bosse :
Pouilly, Champagne et Pommard et Bordeaux,
Tout naturellement doivent couler dans les ruisseaux
C'est un moyen de détruir' les rats d'eau.

Religion de la sociale.

La sociale dit, brave homme,
Tu nous as damné pour une pomme,
C'est bel et bon ;
Quelqu'un qui prétend te connaître
Dit qu't'es pas c'qu'on veut t'faire paraître,
C'est m'sieur Prudhon.
Ah ! qu'c'est vexant qu'on l'oblige à se taire
Tout l'monde vol'rait pour être propriétaire.
Mais c'est égal, c'est un fameux savant,
Qui nie un paradis, Dieu, le diable et le tremblement.
C'est lui qui f'rait un fier gouvernement,
C'est lui qui f'rait un fier gouvernement,
Voilà, voilà, voilà, son dernier boniment.

La Presse Timbrée.

On veut timbrer toute la presse,
J'soutiens qu'c'est une maladresse,
Voici pourquoi,
Ne suffit-il-pas de la lire,

Pour se croire à même de dire,
C'est double emploi.
Cette Phryné, qui fait tant de conquêtes,
Par ses amants fait payer ses toilettes;
Chaque écrivain, barbouilleur ou bretteur,
A reçu dans Cambrai le coup de marteau du sonneur,
Il est timbré, quelle-que soit sa couleur.

TITINE change de résolution.

Tout cela est bel et bon, mais j'crois bien qu'elle promet plus de beurre que de pain, la sociale; et puis là, vraiment, c'est pas une vie de jetter son bonnet par dessus les toits, allons décidément elle ne conseille que des bêtises, la sociale.

Au travail, Titine, au travail : c'est plus honnête et plus sur.

L'ARBRE DE LA LIBERTÉ.

1848.

Chant Patriotique.

I. — AU GOUVERNEMENT.

Quand sous les coups du boulet populaire,
Le trône fut brisé comme un miroir,
Hommes d'État, le sang du prolétaire
Jusqu'en vos mains fit monter le pouvoir;
Tout s'écroulait, tout allait se dissoudre,
Le Peuple eut foi dans votre loyauté;
Jamais les dieux ne lanceront la foudre
    Sur l'Arbre de la Liberté.

II. — A LA BOURGEOISIE.

Vous, possesseurs des biens, de la richesse,
Ah! gardez-vous de céler un trésor.
A la Patrie, allons, faites largesse,
Le mouvement change l'argent en or;
On meurt de faim quand on ne veut pas moudre,
Pénétrez-vous de cette vérité;
Jamais les dieux ne lanceront la foudre
    Sur l'Arbre de la Liberté.

III. — AUX TRAVAILLEURS.

De nos foyers écartez les alarmes,
Si vous tenez à grandir vos destins,

Frères, du pain, du travail et des armes
Doivent suffir aux vrais Républicains ;
Laissons en paix, laissons l'élu résoudre
Ce qui convient aux champs, à la cité...
Jamais les dieux ne lanceront la foudre.
   Sur l'Arbre de la Liberté.

IV. — A L'ARMÉE.

Braves soldats, des Français intrépides,
Jadis domptant la fatigue et la faim,
Avec le sabre, au pied des Pyramides,
Ont su graver un Chant républicain ;
A ce chapitre un autre peut se coudre,
Soldats, sur vous la Patrie a compté ;
Jamais les dieux ne lanceront la foudre
   Sur l'Arbre de la Liberté.

V. — AUX FRANÇAIS.

Courbant les Rois, sabrant le privilège,
Nos pères ont combattu vaillamment ;
Cicatrisés, les pieds nus dans la neige,
Ils ont du Nord fait pâlir le géant...
Gardons pour lui notre sang, notre poudre,
Serrons nos rangs dans la Fraternité ;
Jamais les dieux ne lanceront la foudre
   Sur l'Arbre de la Liberté.

VI. — A L'ASSEMBLÉE NATIONALE.

Vous qui formez le pacte qui nous lie,
Représentants, que vos nobles travaux

Donnent enfin, dans la même patrie,
Des droits à tous — à tous des droits égaux ;
Relevez ceux qui gémissent à terre,
Et pratiquez enfin l'égalité.

Il ne faut pas d'autre paratonnerre
    Sur l'Arbre de la Liberté...

LETTRE AU DOCTEUR FESTE,

Mécontent d'une consultation avec un médecin de Paris.

Ami, console-toi, dans le siècle où nous sommes,
Puisque Robert Macaire est parmi les grands hommes;
Cesse donc de prétendre, avec ta probité,
Ton zèle, ton savoir et ton humanité,
Au respect des humains à leur reconnaissance.
N'est-ce donc pas assez que ton expérience
Veille sur tes clients, les sauve du trépas,
Tu voudrais, pauvre ami, qu'il n'y eût pas d'ingrats.
C'est trop d'ambition, tu dois le reconnaître;
Et joindre, à leurs bravos, tes bravos pour le maître,
Qui, dis-tu, rime en *in*, comme ferait Mandrin.
Et comme son patron, par un adroit larcin,
Te pipe lestement les avis à prescrire,
Et puis, à tes dépens, emplit sa tirelire;
Puis choyé, caressé, s'en retourne content
Comme un forban qui pille un navire marchand.
As-tu donc oublié les études premières,
Du *sic vos non vobis*, ne te souviens-tu guères?
Prends donc le bon parti de subir cette loi,
Philosophiquement, enfin, consoles-toi!

MES BALLONS.

1819.

Quand, novice sur l'hypocrène,
Et sans boussole naviguant,
Je n'ose voguer à plein vent
Quand j'ai peine à tenir en rêne
Le fier coursier des deux vallons;
D'Armand Gouffé suivant la trace,
Je vais m'élancer dans l'espace,
En essayant quelques ballons.

Ballon d'amour, douce chimère,
Jadis me conduisit bien loin,
Exempt de peine, exempt de soin,
Je ne songeais qu'à satisfaire
Mille et mille nouveaux désirs;
Mais bientôt, sous l'indifférence,
La satiété, l'inconstance,
Tomba le ballon des plaisirs.

L'hymen, imprudent et sans guide,
Me fit monter dans son ballon,
Que dirigeait l'illusion.
Sous cette influence perfide,
Rompant et nacelle et lien,
Les propos de la calomnie,

Les flèches de la jalousie
Crevèrent le ballon d'hymen.

Atterré par cette disgrâce
Triste, inquiet, irrésolu,
Dans un abandon absolu,
Atome perdu dans l'espace
Je n'inspirais que la pitié.
Ah, Denis, mon âme ravie
Crut recevoir une autre vie
Dans le ballon de l'amitié!

Plus soumis à ma destinée,
Par tes soins, j'évitai l'éclat,
Je me retirai du combat ;
Ma vie étant toute occupée
Du seul bonheur de mes enfants ;
Et content dans ma solitude,
S'ils font ma seule inquiétude,
Je le dois à tes soins touchants.

UN BAISER SUR LA MAIN.

A Mme J.....

Vous qui devinez bien ce qu'on n'ose vous dire,
Vous dont le doux regard et l'aimable sourire
Me feraient oublier que je suis un vieillard
A qui l'on peut répondre : hélas ! il est trop tard,
A combien de regrets vous condamnez ma vie,
Car, espérer vous plaire, ah ! ce serait folie.
Pourtant, sans vous aimer on ne peut pas vous voir,
Oh ! ne vous fâchez pas, car je n'ai nul espoir
De vous faire accepter mon amour, belle dame;
Cependant, vous pouvez récompenser ma flamme,
A mes ardents désirs vous pouvez mettre un frein,
Permettez qu'une fois je vous baise la main.

UN CŒUR POUR DEUX AMOURS.

A Mlle E... T...

Je t'aime, ma gentille amie,
Toi seule peux me rendre heureux,
Te consacrer toute ma vie
Est le plus ardent de mes vœux ;
Oui tu me seras toujours chère,
Je jure de t'aimer toujours,
Et tu seras, — après ma mère, —
Tu seras mes seules amours.

L'hymen, qui pour nous se prépare,
Mettra le comble à mon bonheur,
Doux trésor, dont je suis avare,
Sois la richesse de mon cœur ;
Ne crains pas que le temps altère
Cette flamme de nos beaux jours ;
Car tu seras, — après ma mère, —
Tu seras mes seules amours.

La douce chaîne qui nous lie
Embellira tous mes instants,
Nous pourrons tous deux, à l'envie,
Caresser nos jeunes enfants.
Heureux époux, bon fils, bon père,

Dieu me prêtera son secours,
Et tu seras, — après ma mère, —
Tu seras mes seules amours.

Tu ne peux pas être jalouse
De cet amour reconnaissant,
Toi, je t'aime comme une épouse,
Je l'aime comme aime un enfant.
Ces deux sentiments, ô ma chère!
Peuvent en paix suivre leur cours,
Car tu seras, — après ma mère, —
Tu seras mes seules amours.

LES OIES DU CAPITOLE.

Ce ne sera pas toujours fête,
Viendra l'heure de la tempête ;
Fatigué, languissant, dans l'ivresse engourdi,
Pourras-tu t'éveiller, ô peuple abâtardi !

A toi, la vieille friperie,
A toi, la perruque à frimas,
A toi l'habit à broderie
Et l'arme vierge des combats ;
Allons, marquis de l'estrapade,
Allons, allons, saute marquis,
Mais nous veillons, et pour ta garde
Poussons-nous d'inutiles cris ?

Ce ne sera pas toujours fête,
Viendra l'heure de la tempête ;
Fatigué, languissant, dans l'ivresse engourdi,
Pourras-tu t'éveiller, ô peuple abâtardi !

Bien, la muraille est redorée
Au dedans, blanchie à l'entour,
C'est une coquette parée
Qui reçoit la ville et la cour.
Le vermillon, le blanc, la mouche

Parent les modernes laïs,
Le miel que distille leur bouche
Rend indifférent à nos cris.

Mais après les heures de fête
Viendra l'heure de la tempête;
Fatigué, languissant, dans l'ivresse engourdi,
Pourras-tu t'éveiller, ô peuple abâtardi!

Jadis des guerriers intrépides
En bravant le fer et la faim,
Gravèrent sur les pyramides
Un chapitre républicain ;
Mais ceux-là qui, devant la constance,
Expirèrent décapités,
Attendent la juste vengeance
Qu'on doit aux frères regrettés.

Ce ne sera pas toujours fête
Viendra l'heure de la tempête;
Fatigué, languissant, dans l'ivresse engourdi,
Pourras-tu t'éveiller, ô peuple abâtardi!

On amusait Rome, et Tibère
Laissait reposer le licteur ;
Tandis qu'un sénat délibère
S'il devra livrer la pudeur
Et les trésors de sa famille
Au plus fortuné des Césars :
Sa sœur, son épouse et sa fille,
A son cynisme, à ses regards.

Ce ne sera pas toujours fête,
Viendra l'heure de la tempête,
Fatigué, languissant, dans l'ivresse engourdi,
Pourras-tu t'éveiller, ô peuple abâtardi !

On amuse Rome, et Carthage
Excite les siens aux combats ;
Et le nord est gros d'un orage
Prêt à fondre sur nos climats ;
Peuple, écoute nos cris d'alarmes,
Si tu veux grandir tes destins,
Du pain, du courage, des armes !
Au lieu de luxe et de festins.

Car, après les heures de fête
Viendra l'heure de la tempête ;
Fatigué, languissant, dans l'ivresse engourdi,
Pourras-tu t'éveiller, ô peuple abâtardi !

LE CHASTE JOSEPH.

Aventure de voyage.

Ce qui me vexe fort, c'est une demoiselle,
Avec qui j'ai couché, sans coucher avec elle.
On ne le croira pas, c'est vrai, c'est vrai pourtant !
A Brives-la-Gaillarde, un soir, en voyageant :
« Ce souvenir toujours me cause de la peine. »
J'avais pu me caser dans une auberge pleine,
Le dernier gîte était une chambre à deux lits ;
J'en pris possession, et quittais mes habits
Lorsque de l'omnibus sort une jeune fille,
Je n'affirmerai pas qu'elle fût de famille,
Mais, belle, gracieuse, un vrai tire-soupir,
Et faite pour l'amour, comme pour le plaisir ;
Son vêtement de soie était parfumé d'ambre ;
J'ai dit qu'il ne restait qu'un seul lit dans ma cham-
Je l'offre, obéissant à la nécessité,   [bre,
Par la belle inconnue il fut donc accepté.

Pendant qu'elle s'occupe aux soins de sa toilette
De mes rideaux discrets j'entoure ma couchette,
Et je tourne le dos au devant de mon lit ;
Je ne vous dirai pas combien, pendant la nuit,
Je me suis retourné, j'ai changé de posture,
Il faut passer par là pour qu'on se le figure !

Et Joseph, mon patron, n'est que de la Saint-Jean,
En laissant son manteau chez Putiphar en plan.

De sa table de nuit, j'ai même pris le vase
Sans oser un toucher, sans risquer une phrase !...
Ici ma continence enfonce Scipion,
Et je puis concourir pour le prix Monthyon.

Si, comme je le crois, j'obtiens cette couronne,
Je la déposerai..... Mais que Dieu me pardonne,
On me tourne le dos, et l'on se dit, tout bas,
Que je suis un blagueur, et que l'on ne croit pas
Le récit merveilleux de ma folle aventure,
Digne du chevalier de la triste figure !
Cependant elle est vraie et j'en lève la main ;
Ah ! l'on ne me croit pas !... Passons au lendemain.

DEUXIÈME JOURNÉE.

Depuis quelques instants, l'aurore aux doigts de rose
Avait doré le ciel, écoutez bien la chose,
Dans son lit respecté ma voisine ronflait,
Si bien, que, sans savoir, elle fit un gros P !!!

Ce bruit intempestif ne me parut pas drôle,
Il n'était pas écrit, je pense, dans son rôle,
Devrais-je le passer dans ma narration ?
Non (l'histoire est l'histoire, et nulle fiction
Ne peut la remplacer). A ce bruit, sur ma couche,
Je fais un soubresaut, je tousse, je me mouche,
Je me mouche très-fort... la belle s'éveillant,
S'étend, baille et me dit, ah que c'est embêtant !
De ne pas reposer, quel bruit dans cette auberge !

Puis écartant un peu ses deux rideaux de serge,
Bonjour, Monsieur, dit-elle, avez-vous bien dormi :
Je réponds, pas beaucoup, un insecte ennemi
M'a fait sur tout le corps de cuisantes piqûres;
Mes draps se sont roulés, de mes deux couvertures
Il ne m'est rien resté... Vous êtes un enfant,
On est mieux couché deux, reprend-elle en riant.

Je soupçonne à ce mot, qui montre la ficelle,
Que j'eûs pu librement en agir avec elle...
Elle se lève, danse, et son petit soulier
Quitte la terre et monte aussi haut qu'à Bullier.
Je restais stupéfait !
    Qu'elle drôle de mine
Dit-elle, c'est pierrot barbouillé de farine!
Je devais en effet avoir l'air d'un crétin,
Etranger à Bréda comme au pays latin ;
Mais j'étais trop volé, une fille des rues
Remplaçait la beauté que j'avais mise aux nues
Et prête à se fâcher si j'approchais son lit,
C'était trop fort !
    Enfin, j'achève mon récit.
En faisant un effort, je repris mon courage,
Quand cet oiseau privé, voltigeant dans ma cage,
Eparpillant la graine et piquant le gâteau,
Eût bien lissé sa plume et bu son verre d'eau,
Je le vis s'envoler — je le dis avec joie !
Ma vertu m'a sauvé de cet oiseau de proie !
Croyez-vous maintenant à ma belle action ?
Suis-je prudent et sage? un Socrate,
      un Caton !!!

SAINTE REINE DES BOIS.

Alice a vu, dans la nuit sombre,
Apparaître un spectre effrayant
Dont l'œil étincèle dans l'ombre,
Et couvert d'un suaire blanc !
Ah, dit-elle, je meurs de crainte,
Que vois-je ! mortelle terreur,
Délivre Alice, vierge sainte,
Ou je meurs... oui je meurs de peur !

Protège-moi, je crois entendre
Encore sa plaintive voix ;
Je vois son bras vers moi s'étendre,
Il me poursuit jusqu'en ce bois,
Entends ma prière, ma plainte,
Sainte Reine, vois ma douleur,
Ah ! délivre-moi, vierge sainte,
Ou je meurs, oui je meurs de peur !

Serait-ce l'ombre de mon père ?
A-t-il pour moi quitté les cieux ?
Serait-ce l'ombre de ma mère ?
Dont je n'ai pu fermer les yeux.
Est-ce le terme de ma vie ?
Est-ce un présage de malheur ?

Protège-moi, vierge Marie,
Ou je meurs, oui je meurs de peur !

Auprès de la chapelle antique,
Implorant la reine des bois,
Alice a pris une relique,
Un morceau de la vieille croix.
Sa foi chasse le maléfice,
Plus de spectres, plus de terreur,
Et maintenanant la jeune Alice
Ne dit plus : je me meurs de peur !

Chrétiens à ce pélerinage
Allez, au moins une fois l'an,
A la Sainte, offrir votre hommage,
Et vous munir du talisman.
Si vous entendez quelque plainte,
Et quelques soupirs de langueur...
Ce sont fillettes que la Sainte
Guérit, en ce jour, de la peur !...

LES RÉCLAMES.

En avant la grosse caisse.

Air :

Savez-vous, au temps où nous sommes,
    Avec le journalisme aidant,
Comme on fabrique les grands hommes,
Soit qu'ils aient, ou non, du talent.
        Notre mérite
        Perce de suite,
Il nous suffit d'acheter des échos ;
        Rien n'est moins rare,
        La presse avare
Pour nous louer reçoit nos monacos ;
Et nous recueillons cette gloire
Que l'on nous vend, argent comptant,
Dont elle a le tarif courant,
Sans compter le pour-boire (*ter*).

Parlé.

C'est comme cela, il n'y pas moyen d'être, n'importe quoi, si l'annonce-réclame ne fait pas un boniment en faveur de votre iudustrie....
    Par exemple,
vous avez une idée, une fameuse idée, pourvu qu'elle soit dans la catégorie de l'absurde et de

l'impossible, comme des extractions de cataractes par la cornée opaque....

Des incisions linéaires, horizontales, verticales, cruciales, et des ponctions quotidiennement répétées pour guérir les ophtalmies, les amauroses, les glaucomes, les cataractes et toutes les affections de la vue.

Vous proposez de substituer une cornée de porc à une cornée opaque; d'établir sur un œil, *même atrophié*, une lunette que nous nommons phosphore, qui fait l'admiration et exerce la verve amicale de trois colonnes d'un petit journal; ou bien encore vous proposez d'incendier les cristalins opaques avec une tige métallique, donc vous avez ces idées grotesques, et vous les *manginez*, sans casque; le public ébahi, dit son *credo quia absurdum*.

Vous serez princes de la science, et vous pourrez chanter comme ces autres demi-dieux.

Air : *Commissaire, commissaire etc.*

Je compile,
Pour mon style
C'est un moyen fort utile,
Et je guéris par la pile,
Je suis le docte Gnognot.
La pile n'est pas un mot,
C'est une chose qui brûle
Et cataracte et fistule,
Croyez-en le grand Gnognot.
D'une tige métallique

Je rôtis le cristallin ;
Mon procédé fait la nique
Aux Démours, aux Dupuitren.
Je compile,
Je compile ;
En vain, on dit que ma pile
Est dangereuse, inutile,
Suis-je moins le grand Gnognot !...

Parlé.

Et dire qu'il a inventé cela..... le Gnognot !

Avec un bout de télégraphe électrique qu'il vous introduit dans l'œil, sans douleur, sans même qu'on s'en aperçoive, il fait jouer une manivelle, le bout du télégraphe s'allume, et la cataracte se trouve brûlée.... rapidement !..... et aussi un peu ce qui est autour ; mais ce n'est rien, on balaye les cendres, et le corps vitré, qui passe pour être du blanc d'œuf, est bien plus solide et ne peut pas sortir quand il est cuit.....

Il est si philantrope, le Gnognot, qu'il n'a pas pris de brevet pour son invention ; espérons que le docteur Albinet n'en prendra pas non plus, pour sa lunette *Rhétinico-phosphoréenne.*

Ces deux magnifiques procédés qui constatent si bien le progrès de la science ophtalmologique sont livrés à la disposition de tous les patriciens. On les peut appliquer en toute occasion ; et, si le succès fait défaut, si l'on ne peut trouver un seul échantillon de ces cures spéciales..... C'est que l'on aura pas compris le *modus faciendi !...*

L'ERMITE.

AIR DE VALSE.

Fuyez, fuyez les peines de la vie,
Jeunes amants entrelacez vos bras ;
Ici les jeux, l'amour et la folie,
Se sont unis pour diriger vos pas.

Laissant aux grands la froide politique,
Payez la taxe et narguez les mouchards ;
Enfants, l'amour est le roi despotique
Qui vous abrite sous ses étendards.

Fuyez, fuyez les peines de la vie,
Jeunes amants entrelacez vos bras ;
Ici les jeux, l'amour et la folie
Se sont unis pour diriger vos pas.

A vos plaisirs, le pauvre ermite s'intéresse
Le froid des ans n'a pas glacé son cœur ;
A ses leçons s'il rend docile la jeunesse,
La lyre en main il chante son bonheur.

Fuyez, fuyez les peines de la vie,
Jeunes amants entrelacez vos bras ;
Ici les jeux, l'amour et la folie
Se sont unis pour diriger vos pas.

Mes chers enfants, pendant vingt ans d'alarmes,
    Notre pays fut couvert de lauriers ;
Mais quand la paix succède au bruit des armes,
Le chant d'amour succède aux chants guerriers.

    Vénus sourit, Mars a déposé son tonnerre,
    Le bœuf tranquille avance et trace le sillon,
    Le vieux soldat se met à cultiver la terre,
Les fleurs, les fruits semblent devancer la saison.

    Fuyez, fuyez les peines de la vie,
    Jeunes amants entrelacez vos bras,
    Ici les jeux, l'amour et la folie
    Se sont unis pour diriger vos pas.

    Lorsqu'au plaisir ma muse vous invite,
    Quand j'applaudis à vos jeunes plaisirs,
    Heureux enfants souriez à l'ermite
    Qui n'a pour lui que d'amers souvenirs.

    Fuyez, fuyez les peines de la vie
    Jeunes amants entrelacez vos bras,
    Ici les jeux, l'amour et la folie
    Se sont unis pour diriger vos pas.

UNE IDÉE DE COCO BRIDOU.

Troupier politique.

1848.

AIR : *Des perruques.*

Jean, Jean, c'est t'y vrai qu'tas d'l'amour ?
  T'es donc z'un utopiste,
Jean, Jean, y n'faut z'au troubadour
  Ni z'orgeat ni modiste.
  Not'tambour-major
  D'vient bête comme azor
D'puis qu'il aime Véronique.
  N'faut pas d'soupirants
  Dans les régiments
  De notre république.

On va pescher, je ne sais où,
Les moiliens qu'on propose
Pour gagner tout l'or du Pérou,
Ça me paraît un peu chose.
J'crois qu'pour faire la loi
  J'ai l'étoffe en moi
  D'un soigné politique,
  Et qu'pour avancer
  J'frais mieux que d'brailler :
  Vive la république !

Item, v'la comme j'frais les lois,
  Dut on m'appeler gruë;
J'réduirais tous les gros emplois
  A la portion congruë,
J'voudrais qu'chaque petit
Ait une place dans l'nid
Comme dans la fabrique.
    Et que chaque matin
    Il puisse téter l'sein
    De notre république.

Pour les ronds de jambe d'l'opéra
Franch'ment, j's'rais un peu chiche;
Et puis on dira ce qu'on voudra,
J'trouve Melpomène trop riche.
    Avec cent mille francs
  Qu'elle gagn' tous les ans
  J'nourrirais cent pratiques;
    C'est à son milord
    A la combler d'or...
S'il aime les choses publiques.

Jean, Jean! si j'étais député
J'me contenterais pas d'faire
Une machine à prospérité,
J' frais une machine d'guerre.
    Celle-ci dans un coin
    S'rait mise au besoin
  Qu'on veuille nous faire la nique,
    Mais j'crois qu'Nicolas

N's'aventurera pas
Contre la république.

Si cependant l'troupier du Don,
L'Kalmouch et toute la S'quelle
V'nait pour faire emplir son bidon
Et graisser sa gamelle;
 Pour le régaler
 Et l'désaltérer
J'aurions not'mécanique,
Dont on lâch'rait l'frein
Pour lui montrer l'train
Dont marche la république

 En fait de Constitution,
Les bêtes, c'est comme le monde;
V'là z'une drôle de comparaison.
Si l'on veut qu'une poule ponde,
 D'abord faut du grain
 De l'eau, du terrain,
D'la paille auprès de la bique,
 Suffit de s'arranger,
 Chacun peut s'loger
Sur l'dos d'la république.

A Mme C.....

Célèbre pianiste, en lui adressant des vers
sur la mort du duc d'Orléans.

Sur un prince adoré, qui fixait nos regards,
Je vous adresse un chant, fille du Dieu des arts.
Ah ! daignez en faveur du sujet qui m'inspire
Lui donner pour appui les sons de votre lyre.

AU DOCTEUR CLOT-BEY.

1840.

    Savant, dont Marseille s'honore,
    Qui, de la France tricolore
Au sol égyptien as planté des jalons,
Clot-Bey, — tu comprends la patrie,
Ce n'est pas seulement cette terre chérie,
Ce ne sont pas ces côteaux, ces vallons
    Où le hasard nous a fait naître,
Un plus vaste horizon, que tu sus reconnaître,
    Enceint de plus vastes états.

    Le ciel est la voûte du temple
    Où comme moi, Clot, tu contemple,
Après l'œuvre de Dieu, l'œuvre des potentats.
L'œuvre de Dieu ! c'est la terre féconde,
Le ciel d'azur et le calme des eaux,
Ce n'est pas la tempête et la foudre qui gronde,
Mais l'amour créateur, mais le chant des oiseaux.

    L'œuvre des potentats, c'est la diplomatie
Qui veut forcer la chance et fausser le destin,
C'est le mensonge admis en bonne compagnie,
C'est à qui trichera les cartes à la main.
    C'est peu qu'un prince de la terre,
Parfois le plus puissant n'a qu'un règne éphémère ;
    Mais ce qu'est Dieu,... je le dis en un vers :
    C'est le cerveau de l'univers !...

LA DÉESSE DE LA RAISON.

Entendez le bruit du tambour,
Entendez la cloche d'alarmes,
Voyez cette amazone en armes :
C'est Théroïgne de Méricour.

Au combat devançant l'aurore
Des éclairs partent de ses yeux,
Le vent agite ses cheveux,
Sous un panache tricolore.

Entendez le bruit du tambour,
Entendez la cloche d'alarmes,
Voyez cette amazone en armes :
C'est Théroïgne de Méricour.

Au lieu de bijoux, de parures,
Elle ne porte que du fer,
Et cette fille de l'enfer
Suspend la mort à sa ceinture.

Entendez le bruit du tambour,
Entendez la cloche d'alarmes,
Voyez cette amazone en armes :
C'est Théroïgne de Méricour.

Voici pour elle un jour de fête,
On va verser le sang humain;
Le glaive brille dans sa main,
Comme un éclair dans la tempête.

Entendez le bruit du tambour,
Entendez la cloche d'alarmes,
Voyez cette amazone en armes :
C'est Théroïgne de Méricour.

Quand on renverse la Bastille,
Elle se bat au premier rang;
Son regard s'injecte de sang,
Pourtant c'est une jeune fille.

Entendez le bruit du tambour,
Entendez la cloche d'alarmes,
Voyez cette amazone en armes :
C'est Théroïgne de Méricour.

Mais du peuple, indigne prêtresse,
L'encens par ses mains apporté
Sur l'autel de la liberté
A fait frissonner la déesse.

Entendez le son du tambour,
Entendez la cloche d'alarmes,
Voyez cette amazone en armes :
C'est Théroïgne de Méricour.

Elle désigne les victimes
Aux coups d'un affreux tribunal,
Et dans un bain de sang royal
Elle prétend laver ses crimes.

Entendez le bruit du tambour,
Entendez la cloche d'alarmes,
Voyez cette amazone armes :
C'est Théroïgne de Méricour.

Mais du ciel bientôt la justice
Va l'accabler de ses rigueurs ;
La honte et le remords vengeurs
Vont se charger de son supplice.

Entendez le bruit du tambour,
Entendez la cloche d'alarmes,
Voyez cette amazone en armes :
C'est Théroïgne de Méricour.

Dans la cellule de la folle
Des têtes roulent dans le sang,
Et des fantômes menaçants
L'invitent à leur farandole.

Entendez le son du tambour,
Entendez la cloche d'alarmes,
Voyez cette amazone en armes :
C'est Théroïgne de Méricour.

Vainement sa paupière aride
Demande une larme à son cœur,
Mirabeau rit de sa douleur
Et l'étreint de son bras livide.

Entendez le son du tambour,
Entendez la cloche d'alarmes,

Voyez cette amazone en armes :
C'est Théroïgne de Méricour.

C'est peu qu'un sage en cette vie,
Puisqu'on a vu mourir, dit-on,
La déesse de la Raison
A l'hôpital de la folie!

Entendez le bruit du tambour,
Entendez la cloche d'alarmes,
Voyez cette amazone en armes :
C'est Théroïgne de Méricour.

Nota. — Théroïgne de Méricour qui, dans les fêtes de la république, avait rempli le rôle de la déesse de la Raison, s'est mêlée activement aux saturnales de cette époque. Elle a passé pour être la maîtresse de Mirabeau, puis enfin elle est morte folle à la Salpètrière.

AU DOCTEUR BÉDOR

Chirurgien en Chef de l'Hospice de Troyes.

Metz, 1842.

Peux-tu perdre du temps, à me lire, Docteur ?
Je vais te débiter ce que j'ai sur le cœur ;
Tes confrères, ami, me tourmentent la bile,
Je ne te parle pas de ceux de notre ville,
Qui me drapent, Dieu sait ! vont criant, en tout lieu,
Qu'Epidaure, pour moi, doit éteindre ses feux,
Que, du parvis sacré, le philistin profane
Doit être repoussé par la mâchoire d'âne ;
Et, comme ils ont toujours cette arme sous la main,
Je crains d'être assommé par quelque Picardin,
Je crains un étourneau, dont la sotte manie
S'en va me poursuivant avec la calomnie ;
Enfant, n'a-t-il donc pas, pour dépenser ses jours,
Son art à méditer, et de jeunes amours,
Son art à méditer, car, de notre science,
L'Ecole lui donna trois parchemins pompeux ;
Mais elle ne pouvait donner l'expérience,
Et, sans elle, longtemps, ses avis auront tort.
    Sans elle, au lit de son malade,
      Il n'est, le pauvre camarade,
    Que le pourvoyeur de la mort.

Je ne te parle pas de ce fat à perruque,
Que tu connais assez, car il courbe la nuque,
En te voyant, docteur, ne pouvant contre toi,
Soutenir le comment, le quand et le pourquoi,

Mon mal vient de plus haut, je méprise la terre,
Aux Dieux, le croiras-tu, je déclare la guerre.
La Moselle pour moi devient le Phlégéton,
Je m'y trouve accroché par la barque à Caron,
Et j'ose m'attaquer au nautonnier funeste,
Presqu'autant que Collot, ce Caron me déteste.
Voici pourquoi, docteur, pour conter mes vertus,
Je répands, en tous lieux, l'antique prospectus,
Et je dis, j'ai guéri tel homme, telle femme,
Tel enfant, en tels lieux : eh bien donc, c'est infâme !
Je ne suis qu'un sauvage, un monstre, un Attila
Et la foudre m'épargne, en souffrant tout cela !

Vainement, je m'écrie, ô Caron ! ô grand maître !
Comment avez-vous fait pour vous faire connaître ?
Ce fut, répond le dieu, compilateur d'écrits
Prônés dans les journaux publiés à Paris,
Ce fut en me chauffant au feu de la réclame,
Complaisante Lays que j'aime au fond de l'âme,
Ce fut en cultivant le docte Guezardi,
Cet auteur tant profond, dont l'esprit si hardi,
Pour guérir un aveugle, a, d'une main habile,
De six mètres de drap, tiré six gouttes d'huile
En économisant de quoi faire un manteau,
Car c'est ainsi que l'art est sorti du berceau.
Mais votre prospectus ! fi donc ! c'est chose indigne,

Hypocrate en rougit, la faculté se signe
Et vous mériteriez, maraud, d'être pendu.
— Je réponds à Caron, votre compte-rendu,
Dicté par vous, beau sire, à Paul votre confrère,
Ne peut pas renier le prospectus son père
Dont il est, avant tout, l'hypocrite bâtard ;
Je le lis, et je vois qu'un associé bavard, [cense,
Vous met sur les tréteaux, vous prône et vous en-
Fichtre... rien qu'à Nancy, vous guérissez, je pense,
Cent quatre-vingt-cinq yeux qui guignent de travers,
Et sur tant d'estropiés, à peine deux revers !
— C'est gentil !!! De lauriers, votre tête chargée
Va courber sous le poids de votre renommée,
Paul tance, en votre nom, Baudens et Diffenbach,
Strabotomisateurs que vous mettez au sac,
Opimes que pour vous j'inscris en ma satire.
— Ah ! c'est mirobolant, vraiment vous devez rire
Avec Paul, grand Caron, je dis en vérité,
Nous n'atteindrons jamais votre capacité.
Honneur donc au talent, devant lui je m'incline,
Sonnez clairons, sonnez, serinette, serine !
Annoncez aux mortels les nouveaux œufs pondus,
Les illustres savants et leurs comptes rendus.

Voilà, voilà, docteur, ce que j'avais à dire ;
J'éprouve le besoin de siffler, de maudire,
Car ceux-là qui, de loin, paraissent des héros,
Vus de près, sont ma foi, de stupides jockos.

LE CONGRÈS.

Lettre à MM. X. et X.

Serait-il vrai, Docteurs... Ah ! je ne puis le croire,
Il ne vous suffit plus d'orner votre mémoire
D'un grec nauséabond et d'un langage en us
Ou d'avoir de l'esprit, — presqu'autant qu'un rébus.
De votre front pelé l'infatigable zèle
Accepte du congrès la besogne nouvelle.
Vous ne dormirez plus? Vos vigilans regards
Seront chargés, dit-on, d'un travail de M....... (¹)
Et déjà vos agens arrachent les affiches.
En serez-vous plus gras, en serez-vous plus riches?

Et vos clients, sourtout, trépasseront-ils moins
Parce que d'autres temps vous donnent d'autres [soins
Confrères, vous avez d'épaisses cataractes!
Voulez-vous, avec moi, repasser quelques actes
De ce fameux Congrès qui chante sur des tons
A vous faire passer pour buses ou ratons...
De ce Congrès, hélas! je suis peut-être père (²) !
Venez, taupes, venez, venez qu'on vous opère...

---

(1) Voir le projet de la loi qui attribue aux médecins la dénonciation.

(2) L'auteur a fondé en 1840 le *Congrès médical*, journal de médecine, et a communiqué à quelques médecins des idées qui, sans être celles émises par le congrès de l'Hôtel-de-Ville, ont pu déterminer sa formation.

Des Docteurs se sont dit : Panurge eut des moutons
Qu'il est bon d'imiter, chacun saute, sautons :
Nous recevrons le prix de ce noble exercice,
Le vent tourne au Congrès, le vent tourne au Comice,
Esculape, toujours en tête du progrès,
Ce nous semble, a le droit de former un Congrès !
Sonnons donc la trompette, et rassemblons la foule
A laquelle, en passant, nous parlerons d'un moule
Où l'art, en monument, d'un jet sera fondu ;
Le local est trouvé, même il est entendu
Que chacun (pour cinq francs) a droit à la parole...
Nous flatterons les grands, nous flatterons l'École,
Le Clergé, le Ministre et l'Université,

Nous flatterons enfin, et sans fatuité,
Nous nous vantons, messieurs, d'entendre la partie ! (1)
La France médicale, en Congrès réunie,
Du Peuple doit frapper l'imagination,
Et vous approuverez la spéculation !....

Ainsi dit le Congrès ; la nouvelle est semée
Par la presse aux cent voix, puissante renommée
Qui redit en tous lieux, en province, à Paris,
Rien n'est bien, rien n'est beau, que nous... et nos
[amis.

Sur les vingt mille élus que possède la France,
Quatre mille, adhérant à son omnipotence,
Adressent au Congrès les cinq francs, et de plus
Chargent leurs délégués de porter le quibus

---

(1) Voir le compte-rendu, brochure in-8° du Congrès.

Qui doit faire tomber la bienheureuse mâne ;
Le temple, tout béant, admet jusqu'au profane
Que les réformateurs plus tard voudront chasser (1) ;
Efforts ingénieux que l'on pourrait classer
Dans les mille moyens dont use la pipée
Pour prendre merle et geai ; mais viendra la curée,
Nous vous dirons alors pourquoi ceci, cela,
Le soufflet d'ouverture, et comment on parla.

Viens soutenir mes chants, muse de la satire !
Je n'attends pas de toi que tu puisses décrire
Tout ce que la province amène sur le port ;
On le demande en vain à l'un et l'autre bord
De la Seine, du Doubs, de la belle Garonne
Aux cours impétueux, et du Rhin et du Rhône,
A l'Aube aux bords riants, l'Yonne aux flots bourbeux,
De Bayonne à Strasbourg, Fréjus à St-Brieux,
Quels sont ces noms fameux que burine l'histoire
Et qui seront inscrits au temple de la gloire ?...

Muse, au sifflet aigu, joins le cuivre à piston,
Pour alto, pour ténor, pour basse et bariton ;
Fais ronfler sous ton bras la peau de grosse-caisse,
Agite le grelot qui s'élève et s'abaisse
En tournoyant toujours et qu'on nomme, je crois,
Le bonnet de Momus ou pavillon chinois.
O mère des canards, suave clarinette,
Unis tes sons perçans aux sons de la trompette ;
Que le fifre clapisse et qu'un bugle grondant

(1) Les officiers de santé.

Fasse entendre la voix du taureau mugissant.....
Et que dans les repos d'une telle harmonie,
La timbale à la main, nous servant l'ambroisie,
L'abreuvoir ambulant, Ganimède nouveau,
Vous verse, mousse au bord, les douceurs du coco.

LE CONGRÈS.

Ran plan plan, ran plan plan, ran plan plan, ran plan plan
Ran plan plan, ran plan plan, ran plan plan, ran plan rrran.

Le tambour du Congrès a remis sa baguette.
Du sommet de la tour, Amédée, le trompette,
A donné le signal ; les docteurs empressés,
Habits noirs et gants blancs, peignés, frisés, brossés,
Entourent le bureau..... Jamais chant de corneilles,
Au départ d'un clocher n'affecta vos oreilles
Aussi péniblement que le tohu-bohu
Qui se fit tout d'abord. Non, le turlututu
Dont St-Cloud, en septembre, épouvante la Seine,
Agace moins les nerfs, vous cause moins de peine
Que les oui, que les non, les mais et les comment
Que l'on croise et l'on heurte en ce rassemblement.
Malin *Charivari*, la place qu'on accorde
N'est pas, nous as-tu dit, celle de la Concorde ;
Tu le prévoyais donc? Le premier coup d'archet
Du concert des savans devait être un soufflet.

Mais, chut! on va parler! Du haut de la tribune
L'orateur du bureau dit : « Messieurs, la fortune
Est le but vers lequel tendent tous nos efforts ;
Sans doute le savoir est de tous les trésors [science,
Le plus grand, le plus beau, messieurs ! mais la

Impondérable objet nous force à l'abstinence
Quand de riches clients ne la protégent pas !

« O temps ! ô mœurs ! Messieurs, voyez notre em-
Posé sur son trépied, l'insolent empirisme [barras,
Attire tout à lui par son charlatanisme.
O fleur du genre humain, élite des savans,
Serions-nous effacés par quelques charlatans !
L'un vend du baume vert au bruit de la musique...
L'autre arrache les dents comme à la mécanique...
Et ne voyez-vous pas sur le murs de Paris
Les affiches, enfin, odieux piloris,
Où le passant lira, sans rien payer d'avance,
En quinze jours guéri!!...Souffrirez-vous qu'en France
D'autres que vous, messieurs, parlent de guérisons ?
Contre de tels abus nous vous réunissons ;
Exprimez vos désirs; si vos vœux sont les nôtres
Nous les propagerons, nous sommes vos apôtres,
Dussions-nous succomber dans notre apostolat !...
J'ai dit. « A ce discours chacun répond : *Fiat* !
Et puis tous à la fois demandent la parole.
C'est à qui perchera pour réciter son rôle.
Le gamin, moins ardent, se presse et se débat
Pour monter en juillet au sommet du grand mât
Que ce grave Congrès pour faire une harangue;
On dirait que chacun a du poivre à la langue.
Le calme enfin renaît, et chaque Cicéron
Nous débite à son tour une fade oraison,
Dont je puis en deux mots vous donner la substance·
Les docteurs sont les dieux qui protégent la France !

13.

Le ministre présent leur dit : mes chers enfants,
Vous êtes plus savans que les autres savants (1),
Vous vous accordez peu sur maintes bagatelles,
Cela ne prouve rien, car vos longues querelles
Offrent un point du moins qui vous met tous d'accord,
C'est qu'au chevet d'un mort, vous dites : *il est mort !*
On peut après cela disputer sur le reste
Et crier, batailler, de manière qu'Oreste
N'est que de la Saint-Jean et ne peut contre vous
Lutter dans ses fureurs.... On vous dit plus jaloux
Qu'un fripier de Cadix d'un juif de Barcelonne,
Ou qu'un auteur sifflé d'un auteur qu'on couronne...
Chacun a ses défauts, et la perfection
Arrive lentement ; quant à l'ambition
Qui se loge eu un coin de votre âme mondaine,
Rien de plus naturel ; laissez-nous prendre haleine,
Chacun de vous bientôt obtiendra son ruban...
Un ruban, voyez-vous, c'est que c'est du nanan
Qu'aux enfants bien gentils on ne refuse guère ;
Chacun de vous pourra rougir sa boutonnière,
Prenez donc patience, on vous accordera
Croix pour une brochure et pour le choléra,
Croix pour analyser la bosse occipitale,
Croix pour nous extirper la glande lacrymale,
Croix pour avoir fait route aux dépens du trésor
Depuis le Gros-Caillou jusqu'à Chandernagor ;
Croix pour avoir prouvé dans un savant mémoire
Que l'on guérit la soif en permettant de boire,...
Croix pour avoir coupé les lobes d'un pigeon,

(1) Voir le compte-rendu du Congrès.

Croix pour tordre une artère ou couper un tendon,
Croix pour avoir empoisonné chats ou race canine,
Croix pour coudre l'anus, croix pour sonder l'urine,
Croix pour avoir moulé le cerveau de Cuvier,
Croix pour n'importe quoi, croix pour faire suer,
Ainsi que depuis peu fait l'hydrothérapie !
Un discours en trois points de votre académie...
Et cœtera ! Docteurs, à ce titre, je crois
Même que le congrès mérite bien des croix.
Sachez donc à propos faire la courte échelle,
Qu'un ami bien placé vous attache à son aile :
Asinus asinum fricat ; ergo, Docteurs,
Vous aurez tous la croix..., vous êtes électeurs,
Les papas, les cousins votent en concience,
Vous aurez croix et lois, princes de la science !
Mais aussi prenez soin dans un compte-rendu
De bien faire sonner que tout serait perdu
Si l'urne, se changeant en urne funéraire,
Allait éliminer votre bon ministère,
Si bon qu'il vous permet, dans un grand apparat,
De translater les os de feu monsieur Bichat.
Ça ne fera pas mal, depuis que Sainte-Hélène
A fourni cette idée, elle vaut bien la peine
D'être mise à profit en toute occasion,
Et nous vous octroyons notre permission !...

TRANSLATION DES RESTES DE BICHAT.

Au midi de Paris, au fond d'un cimetière
Bichat avait fixé sa demeure dernière;
Et depuis quarante ans, ses os ensevelis
Reposaient près des os de ses anciens amis,
Moins la tête pourtant... à l'heure de la fouille
Vainement on cherchait autour de sa dépouille!...
Il paraissait possible au monde des savants
Que le crâne d'un mort eût, pendant quarante ans,
Pu s'éloigner du tronc de quelques demi-mètres.
Ce problème serait pour tous les géomètres
Difficile à résoudre, et que de fois pourtant
On en proposera d'aussi divertissant!
Bref, on avait uni les os, moins cette tête,
Et le fameux Congrès voyait manquer sa fête,
Quand, un chef à la main, apparaît M. Roux...
— Bonjour, Serres, Miquel, Malgagne! — bien! et
[vous?..
— Je ne me trompe pas, mon œil qui n'est plus louche
Aperçoit sur vos traits un certain air farouche,
Vos cliens, par hasard, sans vous seraient-ils morts?
Non, disent les docteurs, mais malgré nos efforts
Pour composer Bichat, il nous manque la tête...
— N'y a-t-il que cela, Messieurs, qui vous arrête?
Que cela? — Vraiment oui... — Alors, Messieurs, vivat!

Vous voyez bien ce chef, c'est le chef de Bichat ;
Il lui manque deux dents, comme il a dû l'écrire.
Or donc, par des motifs inutiles à dire (¹),
Ce chef si précieux, que vous cherchiez en vain,
Sans sépulture aucune est resté dans ma main.
Mais puisqu'il est urgent qu'on l'enterre avec pompe,
Le voici.—N'allez pas croire que je vous trompe,
C'est bien du vrai Bichat, il lui manque deux dents,
Messieurs, ce n'est pas moi qui vous mettrais dedans !
Et de plus j'ai cassé moi-même cette esquille... (²)

Vous avez quelquefois vu montrer la béquille
Ou la peau d'un quelqu'un que l'on aurait guéri...

Aux vertèbres, enfin le crâne fut uni.
Puis dans le plomb soudé, triste, informe squelette,
Du Congrès médical innocente trompette,
Soufflé par des docteurs, l'instrument de vieux os
Fut de la Métropole éveiller les échos!...

Je ris en vérité. Quelle est cette manie
De promener deux fois avec cérémonie
Une inutile chaux, quelques os desséchés
Par de graves docteurs à la terre arrachés,
Pour être rebénis et reportés en terre,
Avec messe en bourdon et musique de guerre !

Bichat fut remarquable et son livre est cité.
Autant un grand talent à la célébrité
Peut prétendre à bon droit, il a droit d'y prétendre

1. Voir le compte-rendu du Congrès.
2. Voir le compte-rendu.

Mais avant, après lui, nous avons vu descendre
Au cirque médical un jouteur aussi fort...
Pour nous avoir décrit et la vie et la mort,
Et quelles sont les lois que subit la matière
Depuis le premier jour jusqu'à l'heure dernière ;
Dans la ville de Bourg un bronze mérité
Parlait suffisamment à la postérité ;
Le savant professeur sur la place publique
Décorait son pays de sa palme civique ;
Sans qu'il parût besoin que, troublant son repos,
Le tambour du Congrès fût battu par ses os !
Et que, parodiant l'homme de Sainte-Hélène,
On fit pompeusement, du midi de la Seine,
Monter avec fracas jusqu'à l'enclos du Nord
Ces débris séparés du reste de son corps.

Les savants pensent donc que l'on dort moins à l'aise
Au midi de Paris qu'au père de La Chaise ?...
Mais il nous manque alors à ce dernier tombeau
La cendre qui fut cœur, celle qui fut cerveau,
L'organe de l'amour, l'organe du génie,
Il manque... Pitié ! rien, car la cérémonie
Fut complète,... un Congrès fit sa procession.
Des discours ampoulés, une souscription,
Quelque vingt mille francs, résultat de la quête,
Forment tout le produit de cette belle fête
Annoncée à grand bruit en faveur du progrès.
Au moyen de ce fonds, le bureau du Congrès
Fait des in-octavo, lance des circulaires (1),
Où huit à dix grands noms, en très-gros caractères,

1. Voir le compte-rendu du Congrès.

Périodiquement nous parlent des abus
Que l'on doit réformer. L'unique prospectus
Devrait être celui que le Congrès imprime...
Pourtant il se lamente, il se pose en victime,
Il s'agite, il menace, il donne de la voix
Tant... Qu'enfin, de fatigue, on lui jette une croix !...

LE CHEVALIER DORÉ.

Air : *Deux gendarmes, etc.*

Autour du temple d'Épidaure,
Au fils d'Apollon consacré,
Armé comme le Minotaure
Veille le chevalier Doré !...
Bénévole agent de police,
De l'union digne servant,
Il s'acquitte de son office
En brave qui va dénonçant

Ses travaux sont dignes d'Hercule,
Et prouvent toute sa valeur,
Il a vaincu la somnambule
Le jugeur d'eau, le rebouteur !!...
En fatiguant le commissaire,
Les ministres et les parquets
Il trouve le moyen de plaire
Aux entrepeneurs de banquets.

De ces banquets où l'on prononce
Des impromptus si bien écrits,
Ou l'on vous tance, et vous annonce,
Officiers de santés maudits !
Que pour dompter la concurrence,

L'union et ses adhérents,
Ont seuls le droit de faire, en France,
Ce que fesaient les charlatans

Ce n'est donc plus un rôle infâme,
D'être agent dénonciateur,
Le chevalier porte son arme,
Un nouveau code de l'honneur.
Son zèle ardent monte la garde
Visière basse et poing serré.
N'affrontez pas la hallebarde
Du fameux chevalier Doré.

Héros à la triste figure,
Singe des vaillants paladins,
De Quexadas prenant l'allure
Notre preux charge les moulins,
Cependant si l'on veut bien lire,
Dans son cœur tartuffe et bigot,
On ne peut s'empêcher de dire
Que ce n'est là qu'un faux dévot.

Ce jugement peu favorable
N'a pas de quoi l'énorgueillir.
Il l'oublie en mangeant à table
Ces fruits qu'il sait si bien cueillir.
Ainsi que lui Vidocq sut vivre
Du pain amer du délateur;
Il passe son temps à le suivre
Malgré sa robe de docteur.

C'est un guerrier de noble souche,

Bien plus batailleur que savant,
Usant sa dernière cartouche
Pour démolir tout charlatan.
Mais dans sa fureur homicide,
Pour exécuter son projet,
Il faut donc qu'il se suicide,
Ou son travail est incomplet.

THÈSE BURLESQUE[1].

A LANDRAU.

Enfin le procureur du roi,
Doutant de ta vaste science,
T'a commandé, de par la loi !
De comparaître à l'audience
Où trois juges seront assis
Pour décider dans leur sagesse,
Si le grand Cujas t'a permis
D'avoir du cœur et de l'adresse.

C'est envain que tu vas crier,
Partout, Messieurs, j'ai fait mes preuves
Peux-tu, pour te justifier
Nous produire cent femmes veuves
Dont les maris ont par tes soins
Gagné leurs demeures dernières;
Peux-tu leur montrer plus ou moins
De crêpes ornant tes bannières ?

Médecin ! toi ! pauvre avorton,
En vérité, tu me fais rire ;
Si du vénérable Pluton
Tu visitais le sombre empire,
Les Parques, lasses de filer,
Pour les gens de ta connaissance

[1]. Voir la notice à la fin de cette thèse.

Te donneraient sans hésiter
Un certificat d'ignorance.

Là, tu verrais des grands docteurs
Les fournitures abondantes,
Et les savants empoisonneurs
Au milieu des ombres errantes
Qui, jadis, les ont enrichis.
Tu saurais quel est le système
Et le méthodique gachis
Qui les placent au rang suprême.

Médecin, toi !... tu le seras.
Après un interrogatoire,
Que peut être tu comprendras,
Si tu sais lire le grimoire ;
On te demandera d'abord,
En quel temps Rome fut fondée,
Ou bien, quel serait le rapport
Entre le mètre et la coudée ?
Et puis on va t'interroger
Sur Carthage, et sur la pilule
Qu'Esculape eût dû composer
Pour guérir la gale d'Hercule ;
On doit te demander aussi
Quand Jugurtha, roi des Numides,
Pouvait manger du salsifi,
Quels sont les champignons morbides,
Quand eut-lieu le coup d'Actium ?
Et si l'aspic de Cléopâtre
S'empoisonna sur le sternum

De l'infanticide marâtre ?
Si sur le crâne d'un Chinois
On peut compter soixante bosses,
Et si les mouches d'autrefois
S'animaient à piquer les rosses.
On va t'interroger encor
Sur les usages des druïdes
Et sur Nabucodonosor,
Sur le tonneau des Danaïdes !

Voici le docte Paradis,
Tendant une embûche fatale,
Qui demande à quoi, dans Paris,
On reconnait une vestale?

Alors, bonnement tu réponds,
C'est au repli semi-lunaire,
Aux contours ovales ou ronds
De la fosse naviculaire,...

Ici l'on s'arrête tout net,
Et le professeur de t'instruire
Qu'on la connait — à l'alphabet,
Dans lequel elle apprend à lire !

Tu dois savoir à quelle erreur
On reconnait un bon volume,
Hippocrate était-il docteur ?
Qu'ordonnait-il contre le rhume ?
Tu dois dire si Gallien
D'Épidaure, digne interprète,

Eut purgé l'édile d'Amien
Pour qu'il paraisse un peu moins bête.
Si, voyant ce pauvre savant
Marcher comme un fou dans la rue,
Il eut prescrit un lavement
Pour le guérir de la berlue!

Tu dois dire si quelque part
Lavater démontre à quel signe
On découvre un cœur de mouchard
Sous la peau d'un docteur indigne.

Soit donc, tu connais Gallien,
Deux livres de Cyropédie,
Et tu fais, comme Lucien,
Aux morts jouer la comédie.
Tu sais, sur le doigt, Xénophon,
Socrate, Platon, Aristarque,
Et, sur monsieur de Cicéron
Tu peux faire jaser Plutarque;
Mais de Sylla, de Marius,
Tu devras connaître la vie,
Audrezel *è scriptoribus*,
De Leclerc la Chrestomathie,
Eschine accablant Stexiphon
Pour les flots de son éloquence,
Sophocle, Euripide, Platon,
Juvenal, Homère, Térence.

Tu diras aux juges surpris
Quand Hélène suivit Pâris,

Et quand ce marquis de la Hure
Fit au talon une piqûre
Qui mit Achille au paradis!

Tu peux bien parler à tes maitres
En grec qu'ils ne comprennent pas,
Mais il est un autre embarras
Car voici les latins, les traîtres!
Cicéron, *in Verrem signis,*
In Verrem de suppliciis,
La destruction de Ninive,
Et les discours de Tite-Live,
De Saluste d'autres discours,
Tacite qu'on aime toujours.
De Rome les scènes tragiques;
Puis ces livres des Géorgiques
Où la peste des animaux
Et la complainte d'Aristée
Nous font pleurer comme des veaux
Qui jeunent toute une journée.

Attends donc, tu n'es pas au bout,
Il faut traduire l'Énéïde,
Savoir Turnus, Didon, surtout
Les métamorphoses d'Ovide;
Comment Horace veut qu'en vers
L'homme traduise sa pensée.
Comment Dieu créa l'univers
Et qu'elle baguette enchantée
Put changer en de vils pourceaux

Les guerriers compagnons d'Ulysse,
Puis combien un feu d'artifice
Déplace d'air et de badauds.

Allons, arme-toi de courage,
Un docteur, ami, c'est un sage !

Maintenant il te faut parler,
Régle, Éloquence, Rhétorique,
Quel doit être, en un plaidoyer,
Le genre propre au pathétique ?
Combien, en composition
Et surtout pour l'art oratoire,
Les mœurs guident notre action ;
Sache qu'il faut de la mémoire
Sur l'extrinsèque, sur la loi,
Les titres et la renommée ;
Dans ce dédale munis-toi
De la ficelle de Thésée,
Car voici venir, l'argument,
Le syllogisme, l'anthymème,
L'induction, l'épicherème ;
Le langue est un bel instrument !

Tu dois narrer la vraisemblance
Dans un style clair et concis ;
Il faut peser ce que tu dis,
En judiciaire éloquence ;
Dans un style sublime, il faut
L'allégorie, la catachrèse,
L'hypotipose sans défaut,

La finesse de l'autithèse;
Il faut orner ton action
D'ellipse et de prosopopée,
Par des figures de pensée
Terminer ta péroraison!....

Tu connais l'histoire du monde
Au déluge inclusivement;
Jean Loth, grisé par son enfant,
Se prit à la rendre féconde.

Tu sais l'empire assyrien
De Nembrod à Sardanapale ;
Papa Cirus, il t'en souvient,
Mit Babylone à fond de cale;
De la terre de Canaan
La race juive est exilée,
Ce dont elle est bien désolée.

Crésus, inventeur du cancan,
Qui prit naissance en la Lydie,
Était un vieux père aux écus
Qui s'amusait, le bon Crésus,
A fabriquer sa dynastie!

Tu connais l'empire persan,
Monarchie longtemps indivise.
Voici Darius Codoman,
Smerdis le mage, et puis Cambise
Qui prend l'Égypte, sans façon,
Avec ses déserts et ses villes

Ses monuments, ses crocodiles,
Et les tombeaux des Pharaon?

Arrivons au Péloponèse
Avec Pelops tout essoufflé,
Mais bien qu'il y soit installé
Il s'y trouve mal à son aise.

Successeur de Laomédon,
Un jour, le vieux roi de Pergame
Dépêcha vers Agamemnon
Un grand nigaud, au cœur de femme,
Que l'on nommait le Beau-Pâris ;
Tu sais que guidé par Cypris
Dans son proxenétique rôle,
Sans dire à Ménélas, le drôle,
Qu'il s'en allait le lendemain,
Il prend la femme de son hôte,
Comme on prendrait une catin
Pour aller faire une ribote!

Ce fut scandale à Landerneau
Et Ménélas dit à son frère :
Je vais faire un plongeon dans l'eau,
Et je noierai ma ménagère !

Le cœur se fendait à le voir
Tordant son unique mouchoir,
Car, en décampant, la volage
Avait emporté le ménage ;
Il ne restait au pauvre époux,
Rien que son désespoir jaloux!

Tu te souviens du sacrifice
D'Iphihénie; Agamemnon,
Pour se rendre le Ciel propice,
La victima comme un mouton.

Tu sais la colère d'Achille
Tenant les destins d'une ville
Dans son divin *calcaneum*;
Et tu sais comme Ajax, l'impie,
Disait à Calchas, je t'en prie
Ne chante pas de *Te Deum* !

Tu te souviens comme Thersite
Jasait auprès de la marmite,
Tandis qu'Achille, en vrai butor,
Sous sa trique assommait Hector.
Et comme ce farceur d'Ulysse
Fit, avec du bois de réglisse,
Un superbe cheval d'osier
Qui contenait dans son gosier
Deux bataillons d'infanterie;
Dans ses entrailles et ses flancs
Un ecadron de chamborans
Et six pièces d'artillerie.

Tout cela ne bougeait pas plus
A la droite, à la gauche, au centre,
Que les boyaux de notre ventre
Pendant le choléra-morbus !

Sous la queue, avec sa lunette,
Ulyssse lorgnait Ilion,

Il obtint après la conquête
Un beau brevet d'invention.

Le Troyen vers cette machine
S'achemine en vrai Champenois,
Il en a fait le tour par trois fois,
Se tape le front et rumine.

Après avoir tourné, flairé
S'il n'est pas anguille sous roche,
Troyens, s'écrie un vieux curé
Méfiez-vous du chat en poche!
Et voilà que deux grands serpents
De Ténédos quittent la rive,
Laocoon et ses enfants
Sont avalés comme une olive!

Alors on tire le cheval
Tant, qu'enfin ce gros animal
Entre par une grande brèche;
Ailleurs il n'y avait pas mèche!

Tu sais comme, pendant la nuit,
Le cheval vomit son armée
Avec la flamme et la fumée,
Comme Hélène, au pied de son lit
Cherche à calmer son Ménélas,
Qui, cette fois, ne voulut pas
Parce qu'il l'a boudait encore;
Ce qu'il veut prouver en coupant
Le nez du prince Polidor,
De Priam le plus jeune enfant.

Ajax à madame Cassandre,
Tout au beau milieu d'un autel,
Fait des bêtises! Juste ciel!
La princesse, sans se défendre
Des attentats de ce gredin
Prédisait que la haquenée,
Avec sa brigade enfournée,
Devait lui causer ce chagrin!

On n'avait pas voulu la croire,
En vain elle contait l'histoire
De Cendrillon, de Carabas,
Les Troyens ne l'écoutaient pas.

Sur ces entrefaites, Enée
Pour ne pas rôtir dans son lit
N'attend pas venir la journée
Pour déguerpir à petit bruit,

Il se lève tout en chemise
Et va prendre son père Anchise,
Ses pénates et son marmot,
Monte avec eux dans un canot,

Et sans plus de cérémonie,
Il s'embarque pour l'Italie.

Cependant il eut du guignon
En oubliant dans la cambuse
Sa femme, madame Créuse,
Qui faisait la soupe à l'oignon.

Où la trouvant, Idoménée,
Afin de vénger Ménélas,
Pendant la nuit et la journée
Fit grande fête à ses appas.

On n'assure pas bien la chose,
On peut le croire cependant,
Car c'est sur ce grave incident
Que l'avenir troyen repose.

Tu sais qu'Enée, aimable et doux,
Pour s'établir en Italie,
Dans la couche de Lavinie
Devait s'installer en époux

Donc, si lors il eut en Créuse,
L'Italienne eut répondu :
Hein ! plait-il ? Ah ! monsieur s'amuse,
N'entends pas, ni vu, ni connu !...

Ce qui, déconcertant Énée,
Eut fait mentir la destinée ;
Or, quand le destin a prédit :
Faut que l'affaire ait lieu, suffit.

Cher compagnon, nous savons comme
Enée est en route pour Rome,
Suivant sa barque, Cupidon
Arrive avec lui chez Didon,
La souveraine de Carthage...

On les reçoit en grands seigneurs,
Ils boivent des vins, des liqueurs
Et logent au premier étage ;
Ils fatiguent de beaux coursiers,
Mangent du boudin, des ramiers ;
Les jeux, les spectacles, la danse
Se partagent tous leurs instants,
Ils s'énivrent, ils font bombance !...

Parmi les divertissements
Ne voilà-t-il pas qu'un beau jour
Énée *embrasse* son hôtesse !
Et puis, las de faire l'amour,
Il lui brûle la politesse ?...

La pauvre femme, au désespoir
De le voir qui file en silence,
Prend la plume afin de savoir
A combien monte la dépense.
Quoi, tu pars, félon étranger,
Dit-elle, tu te mets en route
Sans même songer à payer
La ripaille que tu me coûte.
Dans quels draps me laisses-tu, vois,
Tu le sais trop, ton inconstance
M'expose à rougir dans neuf mois,
Du fruit de ton intempérance !

Ah ! je vais faire un mauvais coup.
Adieu plaisirs, festins et fête,
Ma sœur que le bûcher s'apprête,
Et que l'on m'apporte un grand clou !

Puis, se donnant une tournure,
Elle monte sur ce bûcher ;
Voyant qu'elle ne peut toucher
Un amant de cette encolure,
Elle médite un grand dessein,
Se couche, s'étend, se relève,
Commence, hésite, enfin achève
Et plante le clou dans son sein !

Sa sœur, en parfaite chrétienne,
Craignant que Didon en revienne,
Flambe vite les coterets
Qui doivent rôtir tant d'attraits ;
Puis s'en va chez le commissaire
Faire sa déclaration,
Pour se mettre en possession
Des droits que l'extrait mortuaire
Lui donne aux biens de feu sa sœur.

De là je conclus que les Reines
Ont moins de part à la grandeur
Qu'aux vicissitudes humaines !

Ce que plus tard ayant appris,
Enée aurait fait la bêtise
De ne pas aller à l'église
Pour chanter un *De Profundis* !

Voilà pourquoi Rome et Carthage
Ont toujours fait mauvais ménage.

Consulte bien ton souvenir,

Tu vas revenir dans la Grèce,
En Europe, en Afrique, à Tyr,
L'histoire te pousse, te presse,
Et selon que les Athéniens
Sparte, les Macédoniens,
Voudront captiver ta pensée,
De Lycurgue ou de Ptolémée
Tu devras nous faire raison ;
Tu nous parleras de Solon
De ses lois et de sa doctrine,
Que pensait-il d'une tontine,
Des jeux, des filles, des bigots,
Des courtisans et des tripots ?

Tu parleras des Thermopiles
Et de toutes les autres piles
Que se donnèrent autrefois
Les fils de Thieste et d'Astrée,
Deux habitants de la contrée
Où chaque ville avait ses rois.

Tu jaseras sur Alexandre
Passant sa vie à battre, à pendre
Des gens qui ne lui disaient rien,
En voilà un, de paroissien !
Narguant Philippe son cher père
Et parcourant toute la terre
Sur son grand coursier Bucéphal,
Anglais pur sang, bel animal,
Qu'il monta toujours en personne,
Si ce n'est le jour où, galant,

Il voulut en faire présent
A la générale amazone,
Qui, le sachant luron et fort,
Accourut tout exprès du nord
Pour obtenir la fourniture
De sa rare progéniture.

Mais l'histoire dit quelque part :
Femme qui conçoit à l'armée
Accouche trop tôt ou trop tard;
Est-ce un effet de la fumée ?
Je n'en sais rien ; dans tous les cas
L'amazone avec ses appas
Prouve, mieux que combats et cendre,
Tout le courage d'Alexandre.

Il mourut, et son rejeton
Ne put obtenir ses dépouilles
Que prirent, sans plus de façon,
Ses caporaux et leurs patrouilles.

Tu diras comme les Romains
Bambochèrent à Syracuse,
Et changèrent les rois lointains
En marmitons de leur cambuse.

Je prise peu ces étendards
Dont Rome orne chaque portique,
Peuple qui fournit des mouchards
N'est pas matière à république.

Pour un Brutus, un Cassius,

Pour un Trajan, une Marc-Aurèle,
Pour un Auguste, un Manlius,
Pour une Eponine fidèle,
Rome, est proscrite sous Sylla,
S'incline sous Caligula ;
Tarquin déshonore Lucrèce,
Messaline offre sa caresse
Aux premiers portefaix venus;
Vois Géta, vois Pescennius,
Septime, Alexandre Sévère ;
Vois le sceptre mis à l'enchère,
Compte tous ses compétiteurs,
Ces misérables brocanteurs,
Voulant trafiquer sur le trône
Maximin et les Gordien,
Philippe, Déce, Pupien
Tour à tour portent la couronne ;
Mais pour envahir les états,
Au nord les Barbares s'assemblent ;
La Perse se forme aux combats,
Dans la Gaule les préfets tremblent,
Enfin les derniers empereurs
Sont Constantin et Théodose ;
Rome tombe et de ses grandeurs
Que reste-t-il ?... L'apothéose !...

Nous avons dit un abrégé
Confus comme une macédoine.
Ainsi l'enfer est mélangé
Dans le tableau de St-Antoine !

Mais qu'il reste de questions
Soit sur Rome et sa décadence,
Les Lombards, l'histoire de France,
Charlemagne et les horions
Que, sous ce monarque terrible,
Administraient les chevaliers,
Chauds amoureux, vaillants guerriers,
Qui tuaient et lisaient la Bible
En manière de passe temps.

Parmi ces chevaliers errants
Comme tous ne savaient pas lire,
Il en était qui, pour s'instruire,
Allaient, courant les grands chemins,
Battant, détroussant les vilains,
Aux vieux barons cherchant querelle,
Enlevant mainte damoiselle...

Tels étaient ces preux chevaliers !
Nobles héros, pleins de vaillance,
Et fermes sur les étriers,
Ils vous plantaient un fer de lance
Et, de par le droit du plus fort,
Constatataient que l'on avait tort
De contrarier leur altesses.

En faisaient-ils de ces prouesses !
Voici les quatre fils Aymon,
Perchés sur la même monture,
Courir tous de la même allure,
Faire un vacarne du démon.

Une Angélique, une Armoflède,
Sur des palefrois de Tolède
Couraient les monts, les vaux, les bois!

Les demoiselles d'autrefois,
Aimaient prendre de l'exercice
Se présentait-il un danger?
Zeste, apparaissait un berger
Tout prêt à leur rendre service.

C'était le temps des enchanteurs,
Grands diseurs de bonne aventure,
Bonnets pointus, grave tournure,
Robe et costume de docteurs,
Comme eux produisant des merveilles;
Marchands de philtres, de bouteilles
Qui faisaient trouver un trésor.

O hyppogriffe! ô lance d'or!
Féconde source de fortune!
Par vous ne puis-je parcourir
Les chemins de fer de la lune!

Qu'Astolphe dut se divertir
En trouvant emmagasinées
Tant de raisons déménagées.
Ah! du lunatique séjour.
Si je revenais à mon tour
Pour débiter la marchandises,
Sur l'enseigne de ma maison
Je ferais mettre pour devise;
Ici nous rendons la raison.

Tous les gens qui l'auraient perdue
S'acheminant vers mon logis
Formeraient foule dans la rue,
Quelques potentats, des marquis,
Des comtes et des gens d'église,
Des écrivains, des députés,
Quelques membres des facultés,
Les dandys, la fille soumise,
Plaideurs, juges et courtisans,
Quelques spéculateurs savants,
Des joueurs, des entremetteuses,
Des entreteneurs de danseuses,
Les industrieux chevaliers,
Les magnétiseurs, les banquiers,
Légitimistes, sans culottes
Et tout les viveurs de carottes,
Soit saltimbanques, ou jongleurs,
Apothicaires et docteurs,

Les bénévoles de police,
Et cette étoile cantatrice,
Fétiche aux robustes appas,
Que le bon goût n'admire pas,
Car sa voix et son ton qui sentent le rogome
Conviennent au merlan ou bien au tas de pomme.

Chacun se heurte et veut avoir
Le flacon qui contient la sienne.
Or, je me mettrais en devoir
Tout d'abord d'avaler la mienne,

De peur qu'il ne m'en reste pas.

Pour mes amis, dans tous les cas,
J'épargnerais une feuillette ;
Mais je ne veux pas que Lisette
S'abreuve *ex rationibus*,
Je craindrais qu'elle n'aimât plus,
Mon bonheur tient à sa folie,
Ah ! sois folle toute ta vie !
Belle Lizette, mon trésor,
Et au diable la lance dor !

Arrêtons ici, car enfin
Il est bien temps de prendre haleine.
Et tu dis aux jugeurs, donnez-vous donc de la peine.
De déposer votre scrutin ;
De la céleste broderie
Veuillez décorer mon collet.

Ils répondent que ce sujet
Est une simple raillerie,
Ils exigent d'autres efforts !!!

S'il leur faut l'histoire de France
Et si je dois compter les morts,
Dont le sort dans son inconstance
A dirigé les actions ;
S'il faut parler de l'Italie,
De Gustave, de la Turquie,
Des deux royaumes Bourguignons.
S'il faut que je réveille Pierre

Et ses sujets décapités,
Et les gibets de l'Angleterre
Et les billots ensanglantés ;
De Mahomet, des Abassydes,
S'il faut traduire le Coran,
Sous le casque, sous le turban,
S'il faut compter les homicides
Dont l'histoire a fait des héros,
Je fléchis et ma voix se casse,
Je suis prêt à demander grâce
Et quelques instants de repos,
Car ma thèse n'est qu'ébauchée.

Ne faut-il pas donner encor,
Et du Gange et du Montabor,
La description détaillée,
Le nom des peuples, des canaux,
Des forêts, des lacs, des rivières,
Les mœurs, les diverses frontières,
Les plantes et les animaux,
Les guerres, les lois, les usages,
Les mers, les volcans, leurs ravages,
En Chine, au Thibet, au Japon
Qu'elle est la population ;
Puis les déserts de l'Arabie,
Puis les plaines de la Syrie ?
Jérusalem, sainte cité,
Brillante de la majesté
Du fils de Dieu qui s'est fait homme,
Parce qu'une maudite pomme

Nous a chassés du Paradis...
Que ne mangeait-il du radis,
Monsieur Adam, notre grand père,
Nous serions si bien à présent,
Sans ce polisson de serpent
Qui séduisit sa ménagère.

Reptile on te blâme, et pourtant
Que faisons-nous tous en aimant?

J'entends la trompette éclatante,
Un instant dressons notre tente
Au pied des illustres ramparts
Où les croisés, de toutes parts,
Viennent dire leurs patenôtres.
Vois un peu tous ces bons apôtres,
Dévots et pas mal querelleurs,
Regarde tous ces ferrailleurs
S'attaquer d'estoc et de taille,
Hourrah, hourrah, mort et bataille!
Du sang, des cadavres, du fer,
Tout le vacarme de l'enfer,
Pour conquérir un tombeau vide!

Admire cette belle Armide
De ses gestes, de ses regards,
Ensorcelant tous ces paillards
Menant Renaud à la Courtille,
A l'Ile d'Amour où la fille
Embête si bien son amant
Qu'il s'esbigne du régiment.

Elle lui coupe la moustache
Le fait monter dans sa patache
Et le conduit, on ne sait où ;
On le croyait dans le Poitou
Quand il était dans la Gascogne...
Ça ne faisait pas la besogne,
Le bataillon se menait mal,
Un sergent et son caporal
Un jour découvrent son adresse,
Tout en le traitant de Jeanfesse,
Ce qui lui fait peu plaisir,
Le décident à revenir!....
En vain la belle pleure et crie,
Il l'abandonne évanouie.

Ça fit faire plus d'un cancan.
Armide dit à Soliman,
Si tu veux faire ma conquête,
De Renaud il me faut la tête,
Mais va-t-en voir s'ils viennent Jean.
Au moment où l'affaire éclate,
C'est Renaud qui, d'un coup de latte
Abat la tête à Soliman!...
Armide en fut fort désolée
C'en était toujours un de moins,
Cependant, et vu les besoins,
Quand la guerre fut terminée,
Elle offrit sa main à Renaud
Qui la prit comme un vrai badaud.

Regarde les murs de Solime,

Vois cette tour et sur la cîme
Reconnais l'indomptable Argan ;
A Clorinde, ce Sacripan,
Fait les yeux doux et voudrait plaire
C'est un luron un mousquetaire
De la garde de Saladin !

Vois ce superbe paladin
Qui, de la plaine, les regarde
Et leur dit, ma foi, la moutarde
Commence à me monter au nez,
A moi, Tancrède de Sicile,
Ces payens m'échauffent la bile,
Sonnez donc, trompettes, sonnez,
Proclamez qu'en rase campagne
Je combattrai ce mécréant !
Arrive, illustre dévorant,
Je veux disputer ta compagne !
Bientôt ton turban servira,
Quand ton affaire sera faite
A pomponner une grisette
Ou des nymphes de l'Opéra.

Ça va ! j'accepte la partie
Et l'heure de ton rendez-vous,
Beau caporal de tourlouroux,
Il est donc vrai, tu me défie !
Lorsque Phébus aura deux fois
Chauffé Solime et sa mosquée.
Je te promets une raclée
A ne pas bouger de six mois.

Survient la nuit, dame Clorinde
Sort et s'éloigne du rempart
Avec armure et tranche-lard.
Ici, divinités du Pinde,
Venez soutenir mes accords,
Venez, descendez sur ces bords,
Que votre céleste harmonie
Chante les terribles combats
Et que le tonnerre en éclats
Accompagne la symphonie !

Sur quel air chanterons nous ça ?
Sur celui : *Trémoussez belle*.....
— Viens que je frise ta cataquoa, —
— Je veux avec vous danser la pastourelle, —
— Malbroug, — Fanchon, — Ah ça ira, —
— *Kyrie*, — la Parisienne ?......
Non, nous chanterons cette antienne.

En récitatif d'Opéra.

Le silence régnait, de la pâle lueur
Que projettent les plis de sa robe argentée,
Phœbé seule éclairait les pas du voyageur,
Au doux frémissement de la feuille agitée
Philomèle, unissant un chant mélodieux,
Balançait mollement sur la tige fleurie,
Et suivant les replis de son cours tortueux,
Le Jourdain lentement arrosait la prairie.

Chante, doux rossignol, chante, chante toujours
Ce beau ciel azuré, ce ruisseau qui murmure,

O nuit, ô douce nuit sont-ils pour les amours
Tes suaves parfums, tes fleurs, ton onde pure?

Non!... car voici venir des guerriers et du fer;
Le fer frappe le fer, la mort et la vengeance
De ses paisibles lieux ont rompu le silence;
Quelle fatalité, quel souffle de l'enfer
Allume en votre cœur cet aveugle délire,
Une secrète voix ne peut-elle te dire,
Tancrède, c'est Clorinde, arrête, malheureux;
Ah! change ce combat en combat amoureux.

Mais le glaive le teint dans plus d'une blessure.
L'amazone recule et tombe, un long soupir
Qu'elle voudrait, en vain, et ne peut retenir
Accuse la douleur et trahit la nature.

Détache son cimier, vas contempler ses traits,
Illustre meurtrier, et maudis ta victoire!

> Je voudrais conter cette histoire
> Et ces luttes et ces hauts faits,
> Mais ma mémoire est épuisée;
> Cependant Tancrède au Jourdain
> Puisa de l'eau, se fit parrain,
> Et Clorinde fut baptisée.
> Après quoi, l'âme, en souriant,
> Quitta le corps de la guerrière
> Et s'en fut réveiller saint Pierre
> Qui l'attendait au firmament.

Tancrède se tordait la face

Et s'accusait d'être un grand sot,
Enfin notre homme fit bientôt
Une abominable grimace,
Puis ensuite s'évanouit !..,
Survient la patrouille chrétienne
Qui l'emporte avec la païenne,
Et les dépose sur un lit.

Enfin le rendez-vous approche,
Se dit Argan, le Sarrazin,
C'est donc demain, sainte taloche,
Fête des marchands de boudin !
C'est demain qu'il faut en découdre,
Demain, tourlourou, mon mignon,
J'accommoderai ton chignon
Sans pommade et sans boîte à poudre ;
Repasse ton yatagan,
Faits astiquer ta viennoise,
Demain je te perce le flanc,
Comme en revenant de Pontoise!

Argan était un vrai blagueur
Qui voulait faire des manières
Tancrède, malgré sa longueur,
Lui tailla de rudes croupières.

Après s'être bien bousculé,
Avancé, tourné, reculé,
Il résulta de sa prouesse,
Qu'il fut rossé, comme un Jeanfesse,
Et lardé comme un fricandeau.

Un poète de terre sainte
Fit sur ce fait une complainte
Que tous les acteurs de Feydeau,
Chantaient au retour des croisades,
Lorsque Godefroy de Bouillon
Fut nommé maire de Sion
Où se firent tant de cascades
Qu'on prétend que le roi chrétien,
Au lieu de mourir de la peste,
Etait mort d'autre chose ; au reste,
Puisque, jamais historien
N'a pu débrouiller cette affaire,
Disons qu'il n'est pas nécessaire
De chercher quel était son cas,
Donc : *Vade retro Satanas.*

Viens, la brise fraichit, sa douceur nous attire,
Aux champs américains conduisons le navire
Mets le cap au couchant, le soleil tous les jours
Se couche dans ce lit des sauvages amours.
Trouvons avec Vespuce cette terre inconnue,
Sous Cortez armons-nous pour conquérir de l'or
Et le germe d'un mal que l'on ignore encore ;
Prenons de Mexico la vestale ingénue,
Brûlons là pour prouver à ce peuple lointain
Que notre Dieu réprouve au sacrifice humain ;
Exportons le mensonge et la diplomatie,
Les bourreaux enfroqués et l'aristocratie,
Portons lui des canons, l'esclavage, la mort,
Tout nous appartiendra, par le droit du plus fort.

Incas renonce au Dieu qui produit la lumière,
Pour adorer un Dieu, fils d'une Vierge mère
Et pour que tout ici se courbe sous la loi,
Le fer et le bûcher propageront la foi !...

Nous demandant la paix, nous en offrant le gage
L'américain voudra de sa hutte sauvage
Nous faire partager, la douce liberté.
 En vain son hospitalité
 Que la saine morale blâme
 Offrira sa fille ou sa femme
 Et des nattes, pour nos plaisirs,
 Nous avons bien d'autres désirs !
 A nous les veines du Potose
 A nous l'or sur qui tout repose !
 Des piastres, des millions,
 Et l'on commande aux nations,
 Qui subissent la loi commune.
 La vertu ! mais c'est la fortune !
 Ou, pour mieux m'expliquer, vois-tu,
 La fortune est une vertu
 Devant laquelle tout s'efface.
 Avons-nous à demander grâce
 Pour un malheureux exilé ?
 De l'or sur de l'or empilé
 Va nous rendre ce bon service,
 As-tu besoin que la justice
 Dorme trop, ou dorme trop peu ?
 Il faut mettre de l'or au jeu,
 Beaucoup d'or !... et tu vois la chance

Tourner pour toi, qu'elle balance
Résiste à tes nombreux rouleaux,
A ton gré chacun des plateaux
S'élève, s'ajuste ou s'abaisse.
Si l'éloquence de ta caisse
Vient s'engager dans le combat,
Mieux qu'un Dupin, cet avocat,
Pour toi gagnera la partie;
Des humains telle est la folie;
Et l'or, dont on fait ses grelots,
L'or dont sa marotte est ornée,
L'or qui devient l'esprit des sots,
L'or dont leur tête est couronnée,
L'or qui donne la soif de l'or,
Que l'on a, que l'on veut encor,
L'or pour quoi se vend une femme,
Un ministre, un tribun, un drame,
Des parures et des tombeaux;
L'or est le but de nos travaux!

En découvrant cette nouvelle terre,
En y portant et le deuil et la guerre
Tu fis rôtir Guatimosin;
Puis fatigué d'être assasin,
Tu fis enchaîner Montésume,
Lequel vraiment était bon roi,
O Cortez, à deux pieds, sans plume,
Ton confesseur dut par ma foi
Éprouver quelque répugnance
A t'absoudre sans pénitence,

Car si le pape en fut instruit
Et qu'il ne l'ait pas interdit,
C'est que tu lui graissas la patte
Et lui donnas un perroquet
Qui récitait son chapelet
Et disait : Jacquot, gratte! gratte!
Tu lui donnas des capucins,
Singes à faces libertines,
Qui gambadent et font des mines
A rougir le front des nonains!
Tu lui donnas des pucelages
Dont les dévots font un grand cas,
Et des pénitentes sauvages
Que Rome ne connaissait pas.
Absous, béni, couvert de lucre,
Par ton nouveau sel alléché,
Rome t'a remis ton péché
Par égard pour tes pains de sucre.

Arrête! ne vas pas plus loin,
Pour prouver quelle est ta science;
Et les juges n'ont pas besoin,
Pour t'accorder ta récompense,
De proposer d'autre argument.

Il me semble que brillamment
Tu t'es tiré de ton épreuve,
Ta faconde paraîtra neuve.
Ce n'est pas le style si beau
Qui distingue à l'académie
La parole aimée et fleurie
De Piorey, Guérin, Trousseau.

Malgré ta manière futile
Et ton cercle trop étendu,
Ta thèse me parait utile
Et ton art te sera rendu
Pour que tu puisses, sans entraves,
Mon vieil officier de santé,
Malgré Landouzy, que tu braves,
Traiter en toute liberté.

Note sur cette Thèse.

En 1835, un médecin oculiste fort distingué et l'üne des mains les plus habiles pour les opérations de cataracte, séjournait à X***; des médecins du lieu, le maire en tête, le dénoncèrent au procureur du roi pour insuffisance de titre; il était officier de santé reçu dans le département du Rhône.

Dans cette position anormale, et par application d'une loi tombée en désuétude, la loi de germinal an II, il fut condamné pour contravention à 15 francs d'amende.

C'est ce fait, qui depuis s'est renouvelé, qui a inspiré à l'Ermite son confrère, cette thèse burlesque, ainsi que quelques satyres, telles que *les Officiers de santé*, *le Congrès médical*, etc.

Malgré ses attaques contre quelques médecins, l'auteur déclare qu'il a souvent rencontré, parmi les docteurs, un accueil et un concours bienveillant, et d'autant plus utile qu'il corrobore la confiance des malades, sert à affermir leur sécurité et devient, par cela même, une chance favorable pour la réussite des opérations qui leur sont faites.

Disons enfin que ces satyres ne s'adressent qu'à une opposition malveillante, et que l'auteur conserve un souvenir reconnaissant à ceux de ses confrères qui, répudiant les excitations d'une coalition qui ne refusait pas de recourir à l'insulte, à la diffamation, n'acceptent pas et ne mettent pas en pratique des fonctions de police, que nous n'avons pas besoin de caractériser.

LES COALISÉS

SATYRE.

Les gens de l'Union doivent être contents,
Bientôt il n'y aura plus d'autres charlatans;
Pour eux seuls désormais jasera la réclame,
Quand Amédée a dit : Rousselot, je t'acclame,
J'acclame Quardecent, j'acclame Jeandousi,
Il faut tirer l'échelle, n, i, ni, c'est fini,
Le reste des mortels est de peu d'importance.
De par Pantagruel, le Louvre et la bombance,
Offrent un sûr moyen pour les progrès de l'art.
Apportez des écus, docteurs, dans un rempart,
Élevé par mes mains, je les tiens en réserve,
Dormez en paix, dormez, pour vous je les conserve
Comme un dragon ailé gardait la toison d'or;
Apportez de l'argent, toujours, et puis encor,
Vous ne vous doutez pas du bien que vous me faites
Je vais faire imprimer victoires et conquêtes
De la vierge union, sur les vils rebouteurs!
Qui redressent les bras comme de vrais docteurs,
Et chassent dans l'enclos que nous vend Hyppocrate,
Cet enclos précieux que notre plume gratte
Pour cultiver de Cos et les fleurs et les fruits,

1. C'est-à-dire plus du tout, pas d'équivoque!

Vous connaissez, messieurs, nos superbes produits,
Comprenez les ressorts de notre mécanique,
Voici le procédé politico-chimique! —
On vous a fait docteurs, vous êtes sans clients
Bientôt vous vous lassez de quelques curedents
Qui gâtent votre émail, c'est un repas fort triste,
Vous vous dites alors, si j'étais journaliste
Peut-être bien qu'un jour j'aurais un million
Ainsi que ce Bourgeois de Paris, Louis Véron,
Qui saigna, dit l'histoire, une fois dans sa vie ;
Quand je dis qu'il saigna !
      Gloire de ma patrie!!!
Tu saignas, il est vrai, du moins tu le tentas,
Mais saignas sans saigner, puis qu'on ne saigna pas!
Mais à ce *fiasco* de ta docte lancette
Tu dus, heureux docteur, de remplir ta cassette,
L'innocent instrument ne fit pas plus d'effet,
Que s'il eut pénétré dans le corps d'un navet ;
Ton ingrate cliente eut même l'infamie
De te mettre à la porte, et peut être sa vie
De ce premier chou-blanc fut le grand résultat.

Mort comme médecin, voulant un autre état,
Des meurtriers savants diminuant la liste,
On a vu, sous ton chou, naître un grand journaliste.

Et tu te consolas, en comptant tes écus,
D'avoir été docteur, docteur *in partibus !*

C'est bien le cas de dire enfin, l'homme propose,
Dieu seul de son destin...
     Mais parlons d'autre chose.

J'ai dit qu'un écrivain gagne des millions
Pourvu qu'il sache un peu lancer les actions,
Pourvu que son appeau soit de voix assez forte
Pour pouvoir assembler une immense cohorte
De badauds ébahis qu'il range sous sa loi.

Les aveugles, dit-on, ont un borgne pour roi,
Un journaliste donc est roi près d'un aveugle
Et, le mouton bêlant, et le taureau qui beugle,
A la houlette, au joug sont moins assujettis
Que les industriels qui nous sont départis.

Pour être soutenus, acceptez nos lisières;
Dites, qui mieux que nous donne des étrivières
A chaque concurrent de l'un de nos amis, —
On compte bien des morts, parmi nos ennemis.

Disposant des parquets, maîtres de la police,
Pouvant même, au besoin, y prendre du service,
Nous nous débarrassons de ce qui nous déplaît;
Jud est un petit saint, car le plus grand forfait
C'est qu'un autre que ceux admis dans notre feuille
Se permette un conseil que le malade accueille,
Et dise qu'il guérit, comme nous le disons.
On tance vertement ceux que nous dénonçons,
La porte à deux battants, selon notre langage
S'ouvre pour nous aider à ce nouveau chantage
Quand nous sollicitons en tous lieux un arrêt
Qui frappe, sans merci, de dommage intérêt
L'officier de santé dont nous suivons la trace,
L'épuisant de procès s'il ne quitte la place

Que doivent occuper seulement nos amis. —
Qui seuls, dans la réclame, obtiennent un permis
Pour publier des faits du temps de la régence
Qu'ils donnent pour nouveaux et qu'ils soldent d'avance,
Selon le folio, cent, deux cents, trois cents francs.

Quant à nos rédacteurs, ils ont les coudes francs
Et chacun peut de soi faire un pompeux éloge,
Ils ont place au festin et place dans la loge.

Notre publicité accorde ses faveurs
Aux doctes policiers qui sont nos souteneurs
Occupés nuit et jour à tourner notre roue,
Sans craindre de salir leur robe dans la boue,

Jadouzy, le Remois, le briard Rousselot,
R. V., le Champenois, Quardecent, Tararmot,
Osmor, le Sénonais, Radichopart d'Auxerre.

Par le canon rayé, tous sont armés en guerre
Pour lancer le boulet — dénonciation —
De par la dignité de la profession.
Armes et dignité dont Vidoc et la suite
Ont doté le pays —
   A Vidoc le mérite !

Mais nous nous permettons d'imiter ce Nestor,
Chez lui c'était métier, chez nous c'est mieux encor,

Pour mieux fonctionner nous faisons la courbette ;
Nous préparons le coup et de notre cachette,
Ainsi qu'à l'embuscade on attend la perdrix,

Nous tirons sur notre homme ; tel un conseil des dix
Désignait la victime aux coups d'un bras servile,
Tel fait notre conseil, le conseil des trois mille.

Il en coûte à nos cœurs d'écraser ces intrus
Par de lâches moyens, mais c'est dans nos vertus,
Dans notre dignité, plus grande qu'on ne pense,
Qu'est notre excuse, enfin, et notre récompense.

TOUT INTRIGUE ET SE MEUT.

Tu prétends parvenir à tout, en vérité,
Je ris, mon pauvre ami, de ta naïveté!
Tu crois à la vertu, tu crois à la justice,
Et tu crois qu'un parquet ne rend pas de service.
Allons donc!... es-tu sourd? ou bien ne vois-tu pas
Tous les fils des pantins qui dansent ici bas?
Moi, je les vois ces fils, et le bras qui les guide
Plongeant ses doigts crochus dans nos bourses qu'il

Honneur et probité, vertu! dérision!!...   [vide
Si tu veux parvenir, si ton ambition
Vise à l'or, aux emplois, exerce toi sans cesse
A ramper près des grands, sache qu'elle maîtresse
A l'oreille ou le cœur de quelqu'homme influent;
Au pouvoir qui s'en va retire ton serment,
Par un autre serment, prépare toi d'avance
A saluer bien bas le pouvoir qui s'avance;
C'est ainsi qu'on arrive aux biens, à la grandeur!

Exemple, Corceroy, Ladouzy, le docteur,
Et ses associés, croyant pouvoir, en France,
Se vanter que le trône a, dans leur influence,
Un moyen de régner qu'il ne néglige pas,
Et que, sans eux, l'état ne subsisterait pas.
Une femme en crédit, Lays entretenue,
Peut donner un emploi, de sa bouche ingénue
Les baisers distribuent et palmes et cordons.

Dans son noviciat, parmi les marmitons,
Où d'abord dans Paris on la vit apparaître,
L'intrigante parvint à fasciner son maître
Et le monde élégant ne trouva pas mauvais
Qu'en sortant de ses bras, après ceux des laquais,
Elle apporte au salon l'odeur de la cuisine
Sous les soyeux atours qu'enfle la crinoline.

Pour la poser, dit-on, de maître Corceroi
L'on acheta le nom, puis de l'époux, ma foi,
On fit un intendant, le pouvoir d'Aspasie
Donnait crédit en cour, qu'est-ce que l'infamie ;
Quand à toute heure on peut compter sur les bureaux,
Avoir place aux banquets, danser dans les châteaux,
Et chasser au relais, dans de vastes domaines,
Lancer le cerf au bois, le suivre dans la plaine,
Disposer des dandins, et du mandat d'arrêt,
Cette contrefaçon des lettres de cachet,
Qui tue un concurrent ; puis payer ce service
Au prévaricateur qui souille la justice,
Par des.... c'est un secret d'intrigue et de boudoir,
C'est danger d'en parler, c'est danger de le voir.
Arrêtons donc ici ma satire et ma rime,
Penser... est un défaut, écrire... c'est un crime.

Intriguer, se vêtir, manger, se mettre au lit,
C'est ainsi qu'on parvient, le dégout me saisit
Et je ressens qu'en moi l'âme languit captive,
Aspirant à ce jour qui lentement arrive.
J'attends impatient que cette âme de feu
Brise son enveloppe et remonte vers Dieu.

LES DOCTEURS ET LES OFFICIERS DE SANTÉ.

SATYRE.

Officiers de santé, chapeaux bas ! à genoux !
A genoux ! Parias et Batards d'Hypocrate.
Depuis assez longtemps la Gente aristocrate
Souffre votre présence et suspend son courroux.

Combien de parchemins, messires, avez-vous ?
Sus, comment traitez-vous l'estomac et la rate ?
Comment découvrez vous les traces de poison,
Quand Orfila dit : oui ; quand Raspail : répond, non !

Vous êtes interdits et restez bouches closes,
Vraiment vous ignorez le beau côté des choses,
Et les chemins ouverts aux réputations,
Sont ceux où la dispute avec des ambrions
Les transforme en géants ! On gesticule, on pose
Un avis effronté, qui sur rien ne repose ;
Le fantôme s'allonge et fascine les yeux,
Ne voyant plus alors, on se croit trop heureux
D'accepter une erreur que l'on ne peut combattre,
L'édifice construit on se met à l'abattre
Prouvant qu'il n'appuyait sur aucun fondement,
Le public applaudit et cherche vainement
A s'expliquer le fait noyé dans la dispute,

Toujours à nouveaux frais et surtout on discute.
(Lorsqu'on est d'accord on n'argumente pas.)

Nous voulons bien, ici, vous avouer tout bas,
Qu'en inventant toujours systèmes sur systèmes,
Loin de les éclairer, nous embrouillons nos thèmes
Et que, pour démêler ce que nous embrouillons,
Commentaires et faits, notes, traductions
Combattraient vainement. Voyez une expertise
Par laquelle un docteur est, lui seul, cour d'assise
Et fait (juge et jury) dresser un échafaud,
Bien qu'un autre docteur sue à crier : c'est faux.

Devant ces résultats, courbez vos fronts, sicambres,
De notre corps savant vous vous prétendez membres,
Vous voulez comme nous tailler impunément?
Tarare! Mirmidons! essayez seulement
D'extraire un cristallin, en dehors de l'enceinte
Que par trop d'indulgence et de facilité
Vous permet un brevet de quelque faculté,
Aussitôt, contre vous, nous portons une plainte,
Qu'admet avec ardeur un vorace limier
Qui flaire les procès à salir du papier.

A chaque pas, marauds, gare les étrivières
Nous lancerons sur vous les meutes tracassières
D'infirmes non guéris qu'excite Chicaneau.

Mais si nous guérissons, dites-vous, là, tout beau,
Il faudrait les guérir, mieux que ne fait un maître,
(Ce qui se peut, ce qui vous arrive peut-être,)

Et nous savons très-bien que votre ambition
Va jusqu'à pratiquer une opération
Assez habilement pour guérir un aveugle.
[beugle
Mais qu'un seul soit manqué, l'entendez-vous qui
Et direz vous ici que vous n'en manquez pas ?
Bien que cela chez vous soit moins fréquent, hélas!
Que, la plupart du temps, dans notre clientèle.

Ah, vous en manquez peu ! vous nous la donnez belle
Mais c'est là justement ce qui met en courroux
Tout docteur qui prétend en savoir plus que vous.

Savez-vous discourir, comme fait l'estrapade,
Argumenter longtemps au chevet du malade?
Au vulgaire français, langage trop mesquin,
Ajouter en passant quelqu'adage latin ?

Voilà les vrais moyens d'acquérir de la gloire,
Avez-vous, comme nous, meublé votre mémoire
De ces mots inconnus, de ces mots étonnants
Qui vous tordent la bouche et font peur aux enfants?

Jurez-vous et par Trate et par Trite, et par Gie
L'ankiloblépharon ! la Blépharopthalgie !
Par le duodeno, marié savamment
Au gastral-entéro jusqu'à l'enterrement?

Connaissez-vous du grec la puissante racine
Dont le suc précieux nourrit la médecine?
On lui doit les poisons dont l'art s'est enrichi,

A bas, Bourbonne! à bas, Néris, Aix et Vichy!...

Nymphes aux seins brûlants éteignez vos fournaises,
Lavez des auvergnats l'acarus, les punaises,
Car nous n'avons trouvé dans vos combinaisons
Que d'avares produits de nos savants poisons !

Gardez-vous d'opérer hors de notre présence,
Vous dites à cela, demandés, viendrez-vous ?
Peut-être, ce n'est pas que nous soyons jaloux.
Il se peut cependant que parfois on balance
Les malades sont tous gibier de notre fief
Et toujours à regret nous mettons en relief
Un homme moins titré que celui qui l'assiste ;
Si malgré nos efforts le malade persiste,
Peut-être qu'après tout nous y consentirons.
Mais — n'y consentant pas — nous vous dénoncerons
Et comptons, pour servir notre juste colère,
Sur Dandin Dandinet, il est notre compère,
Il n'oubliera jamais nos services... Suffit !
Redoutez le courroux d'un docteur en crédit.

Arrière donc !!! Pourtant notre suprématie
Pourra vous tolérer, si quelqu'épidémie
Vient un jour décimer la population ;
De par le choléra, notre permission
Vers les pestiférés vous cède l'avant-garde,
Vous pourrez les frotter d'onguent et de moutarde.
Quelque soit votre titre et son département,
Mais, le fléau chassé, décampez lestement,
C'est nous qu'on remercie et c'est nous qu'on décore.

Je conçois qu'à ce trait votre front se colore,

Mais on en use ainsi dans tout autre métier,
La palme du soldat tombe sur l'officier ;
D'autres mangent les fruits qu'un jardinier cultive,
L'onde arrose la fleur dont elle orne sa rive,
Et c'est l'air embaumé qui reçoit son parfum.
Un vatel affamé maigrit sur le festin
Que dévore, à ses yeux, un escroc de la bourse,
Le pur sang, qui se tue à gagner une course,
Enrichit Robinson qui lui presse le flanc
D'où coule la sueur unie avec le sang ;
Faible, toujours le fort obtient son sacrifice,
Voilà ce qu'en tout temps on nomma la justice,
Et je vous ai traduit ce proverbe en français
Sic vos non vobis ædificatis aves.

Pour terminer le cours de notre philippique
Officiers, c'est envain que notre corps s'applique,
Observe, lit, compulse et prescrit sagement
Ce que la pharmacie a de plus innocent.
Dans l'anneau resserré qui marque votre place
Nous vous étoufferons privés d'air et d'espace.

MORT DU DUC D'ORLÉANS.
1845.

Reine, il est des douleurs, de tristes destinées,
Des âmes à souffrir trop longtemps condamnées,
Qui feraient nier Dieu, sa sagesse et sa loi,
Si Dieu n'avait formé des anges tels que toi.

Mais pourquoi donc, hélas! égarant son tonnerre,
La puissance divine a-t-elle, sur la terre,
Par deux fois déchiré ton noble et tendre cœur,
      Faut-il que ton sang pur expie
      Les erreurs d'une époque impie,
La bonté ne peut donc préserver du malheur.

O jour trois fois maudit! heure à jamais fatale!
Ton fils, dont la vertu n'avait pas de rivale,
Ton fils, ton digne fils, notre espoir, ton orgueil,
      Sous un coup imprévu succombe,
      La France pleurant sur sa tombe,
Pour croire à son trépas veut toucher son cercueil.

Tu ne vis pas alors, pauvre mère éplorée,
Tout un peuple entourant la victime adorée,
Un peuple, improvisant un funèbre convoi,
Conduire en ton palais cette dépouille sainte,

Unir à tes sanglots et ses pleurs et sa plainte,
Comme s'il eut perdu son roi!

Reine, tu disais vrai, quel malheur pour la France!
Ton fils était sa gloire, était son espérance,
Les partis confondus dans un seul avenir,
Plus de divisions, de complots homicides,
De querelles liberticides...
Ce bien, qu'il méditait, pourra-t-on l'accomplir?
Oui, chacun de tes fils porte une digne épée,
La France, en son espoir, ne sera pas trompée,
Le sceptre tient encore en de viriles mains,
L'enfant qui croit auprès du trône

. . . .
. . . .

Cesse de pleurer, noble femme,
A l'immortalité de l'âme
Tu crois bien.... Ainsi le trépas,
Qui, pour un instant, nous sépare,
Est le chemin que Dieu prépare
Pour conduire au bonheur qu'il refuse ici bas.

A BÉRANGER.

1848.

Si comme toi je faisais des chansons,
De ces chansons que nous disait Lisette,
Je tenterais sur tous les tons,
Et de ma voix la plus coquette,
De te faire abdiquer scrupules et refus,
Car tu seras élu parmi tous les élus.

I.

Chantre des gloires de l'Empire
La liberté vient nous sourire,
Son rempart que l'on va construire
Attend un nouvel Amphyon.
A ta voix, cette voix qu'elle aime,
Sous ta lyre, à ton chant suprême
La pierre viendra d'elle-même
Se ranger sur le bastion.

Si comme toi je faisais des chansons, etc.

II.

Si tu le veux après l'orage,
Doux rossignol dans le bocage,
Le repos sera ton partage ;

Mais, dans ces périlleux instants,
C'est la liberté qui te presse,
Elle gourmande ta paresse.
Bon Socrate, notre maîtresse
A convoqué tous ses amants.

Si comme toi je faisais des chansons, etc.

III.

Déjà l'auteur de l'harmonie
Nous prouve que la poésie
Peut à l'appel de la patrie,
D'Atlas soutenir le fardeau.
C'est vainement que tu l'excuses,
Nous te crions, si tu refuses,
Les naufragés de la Méduse
Te réclament sur le radeau !

Si comme toi je faisais des chansons
De ces chansons que nous disait Lisette,
Je tenterais sur tous les tons,
Et de ma voix la plus coquette,
De te faire abdiquer scrupules et refus,
Car tu seras élu parmi tous les élus.

TABLE DES MATIÈRES.

PREMIÈRE PARTIE.

Un Travailleur à son Fils.	3
Le Retour de la Frégate.	5
La Balle de Garibaldi.	8
La Lumière.	17
La Prière de Madeleine.	21
Lettre au prince Président.	24
Lettre au prince Président.	25
Lettre au prince Président.	29
L'Archevêque de Paris.	31
J'ai perdu ma Rose.	33
A MM. N***., mes Tailleurs.	36
Les Moulins de Fanfan Toupet.	38
J'ai la Goutte.	44
La Décoration d'un mauvais Curé espagnol.	45
A mon ami Guilleraud (Philesis).	47
A mon ami Philesis Guilleraud.	50
Le Chant du Cigne.	53
Mon Hirondelle.	55
La Mendicité est interdite.	56
A deux Grisettes.	61
Le Fou du Roi.	65
Bonjour mon Enfant.	66
A l'Enfant qui va Naître.	69
Goëleuse, Dominicain, Pocharde.	71
La Prière d'un Mourant.	74
Ronde Infernale.	76
A l'Enfant qui va Naître.	79
Au baron D***.	80
Loups et Renards.	83
A mon ami Philesis Gilleraud.	85
Au Rédacteur en chef du Tintamare.	87
Lettre au Rédacteur du Tintamare.	91

Épitre à mon Bras Cassé.. 93
L'Orgie, galop chinois. 100
A mon ami Philesis Guilleraud. 106
Voyage d'Alger.. 107
Mirobolant sur la place de Pékin.. 109
A mon Tyran.. 112
Au docteur R***. 114
Le Papillon. 118
La vieille Négresse.. 121
Un Rêve au Hâvre. 123
La Paix.. 126

DEUXIÈME PARTIE.

En Avant, Chant national de l'Italie. 131
Les Mirobolants. 133
Contredanse. 159
To Ry-Or Not To-By. 142
Lettre à M. R***, ingénieur en chef. 144
Deuxième lettre à M. R***. 146
La Sociale de Titine. 150
L'Arbre de la Liberté, chant patriotique.. 156
Lettre au docteur Feste. 159
Mes Ballons.. 160
Un Baiser sur la Main. 162
Un Cœur pour deux Amours.. 163
Les Oies du Capitole. 165
Le chaste Joseph, aventure de voyage.. 168
Sainte Reine des Bois.. 171
Les Réclames. 173
L'Ermite. 176
Une idée de Coco-Bridou, troupier politique.. . . 173
A Mme C***, célèbre pianiste. 181
Au docteur Clot-Bey. 182
La Déesse de la Raison.. 183
Au docteur Bédor.. 187
Le Congrès, lettre à MM. X. et X. 190
Le Congrès. 194
Le Chevalier doré.. 202
Thèse Burlesque, à Landrau.. 205
Les Coalisés, satyre. 238
Tout intrigue et se meut. 143
Les Docteurs et les Officiers de santé. 246
Mort du duc d'Orléans. 251
A Béranger. 253

ERRATA.

Première Partie.

Pages 9, 2me strophe, 4me vers, *un autre propose.*
Page 10, air : *de Guilleri,* — par le télégraphe, etc.
Page 15, parlé, *la cure est si belle.* etc.
Page 19, 1er vers, *encor.*
Page 22, 7me vers, *leurs concerts,* etc.
Page 49, 1re vers du nota, *véreux.*
Page 59, 6me vers, en cour *d'assise* exsude, etc.
Page 79, 6me vers, un grand *polichinelle,* etc.
Page 80, On confie en cas, et plaqué, et hallebarde
        Au rude surveillant que l'on choisit pour garde.
Page 125, 3me strophe, *je revois le pâle visage.*

Deuxième Partie.

Page 145, 16me vers, lisez, nous oublions le *daim* et la biche qui pleure.
Page 148, 18me vers, *exécute.*
Page 159, 15me vers, *carossé.*
Page 166, 12me vers, *qui devant Constance.*
Page 175, dernier alinéa, *praticiens.*
Page 197, 2me vers, *croix pour empoisonner.*
Page 208, 23me vers, *stériphon.*
Page 212, 52me vers, *si je ne r'oi ma ménagère.*
Page 216, 23me vers, *suivons sa barque.*
Page 220, 12me vers, *avec son appas.*
Page 222, 23me vers, *leurs altesses.*
Page 225, 13me vers, *donc la peine.*
Page 236, dernier vers, *de Piory.*

www.ingramcontent.com/pod-product-compliance
Lightning Source LLC
Chambersburg PA
CBHW070619170426
43200CB00010B/1844